스페인 문학의 풍경과 내면

스페인 문학의 풍경과 내면

Paisaje y Corazón de la Literatura Española

전기순 지음

HUEBOOKs

목차

프롤로그

이 글은 스페인 현대문학을 일반 독자에게 소개하려는 것이다. 지난 백 년 동안의 스페인 문학에서 핵심적인 작품들과 작가들을 선택한 다음, 내가 생각하는 형태로 글을 만들어보고 싶었다. 내가 좋아하고, 자주 강의에 써먹었으며, 또한 재미있고(가장 어려운 판단이다), 여러 번 읽을 만한 토픽을 골라 내 편견이 충분히 담긴 글을 쓰고 싶었다. 결과적으로는 편견은 줄어들고 객관으로 나간 느낌이 든다. (용기가 부족하기 때문이다.)

20세기 전반부 시인으로는 안또니오 마차도, 후안 라몬 히메네스, 페데리꼬 가르시아 로르까를 다루었다. 이 선택은 보편적이고 필연적이기도 하다. 마차도는 평범한 단어들로 까스띠야 풍경을 아름답게 그려낸 시인이고, 히메네스는 순수하고 투명한 언어에 집착했다. 로르까는? 로르까는 이질적인 것들이 뒤섞여있어서 쉽게 묘사할 수가 없다. 성적이고 몽환적이며, 미숙하고 유아적이며, 거칠고 매력적이며, 전통적이며 실험적이고…

또한 스페인 시민전쟁 전과 후에 활동한 두 시인, 미겔 에르난데스와 블라스 데 오떼로를 한 챕터로 묶었다. 두 시인 모두 시민전쟁에 인민전선 군인으로 참여했다. 목동이었던 에르난데스는 서정적인 시를 쓰다가 점차 프로파간다 시인으로 변해갔다. 전후 사회문학의 중심이었던 오떼로는 체 게바라와 동시대를 살았으며 체처럼 부르주아 출신이었고, 혁명 이후의 쿠바를 방문하기도 했다.

1960년대는 현재의 독자에게는 먼 시대로 느껴질 수도 있다. 그럼에도 미디어 중독이라는 현상을 생각할 때 1960년대는 우리 시대의 출발점이라고 말할 수 있다. 1990년부터는 완벽한 동시대가, '일상의 미학'으로 우리 모두를 묶어주는 시대가 시작된다. 인용시와 경험시라는 제목은 두 시대에 대한 각각의 표현이다.

소설에서는 세 작품을 선택했다. 의도했던 건 아닌데 결과적으로는 형식성이 강한 작품들을 고른 셈이다. 그 과정에서 소설에 대한 내 개인적인 취향을 확인할 수 있었다. 소설을 읽을 때 나는 이야기 자체뿐 아니라 이야기의 형식(플롯)과 화자의 유형을 탐색하며, 무엇보다 자기반영적인 소설을 좋아하는 것 같다.

『안개』의 아우구스또 뻬레스는 자신이 누구인지를 확인하기 위해 매일 집을 나선다. 에우헤니아와의 결혼이 실패한 후 그는 살라망까로 작가인 우나무노를 찾아간다. 『빠스꾸알 두아르떼 가족』은 제목처럼 주인공 빠스꾸알의 인생을 다룬 소설이다. 셀라는 빠스꾸알로 하여금 회고록을 쓰게 하면서, '발견된 필사본'이라는 오래된 이야기 전통을 빌려온다. 『새하얀 마음』은 보다 세련되고 은밀하다. 일인칭 화자 후안 란스가 결혼에 얽힌 아버지의 비밀을 알아가는 이야기가 있고, 밑그림에는 소설이란 무엇인가? 라는 질문 그리고 소설과 삶의 유사성에 대한 성찰이 그려져 있다.

시적인 분위기와 리듬이 느껴지는 영화들이 있다. 빅또르 에리세 감독의 영화들, 특히 <남쪽>은 그런 면에서 전 세계 관객들의 찬사를 받아왔다. 문제는 그 시적이라는 것을 어떻게 설명하고 형태로 보여줄 수 있느냐는 것이다.

나는 일단 준비가 되면 빨리 글을 완성하는 편인데. 이번만큼은 와인을 숙성시키듯 오랜 기간을 보내야만했다. 문학비평을 독자와 쉽고 재미있게 공유하고 싶었는데, 결과적으로 쑥쑥 읽히는 글에는 도달하지 못한 것 같다. 여기에 소개하는 작가와 작품은 이제 내 삶의 일부가 되었고, 늘 대화를 나누고 싶은 친구가 되었다.

2018년 봄, 전기순

01

안또니오 마차도

까스띠야 풍경의 발견

시는 시간 속의 언어다.

안또니오 마차도

당신은 까스띠야 들녘을 가보았는가? 봄이 오면 그곳에는 작은 언덕들과 파란 하늘 밖에 없다. 하늘이 흘러가는 것을 우리는 어떻게 알 수 있는가? 미미한 구름이 흘러가고 있기 때문에, 바람에 따라 몸을 움직이는 풀들이 있기 때문에, 지평선 위에 서있는 단 하나의 올리브 나무 때문에 알 수 있다. 그렇게 넓은 들판에 올리브 한 그루만 서있기는 쉽지 않다. 우리는 그 나무를 롱숏의 프레임으로 바라봐야한다.

안또니오 마차도는 눈(眼)의 시인이다. 그는 대상을 정확하게 보려고 애쓰며 감정을 드러내지 않으려 애쓰며 본 것을 "그대로"-이것이 예술가에게는 가장 어려운 것이다-언어로 재현하려고 애쓴다. 그렇게 하면서 자연과 마을을 구성하는 세밀한 것들의 이름을 적어준다. 마치 자연백과사전에서 인용한 것 같은 그 이름들은 우리도 알고 있지만 이름이 가리키는 대상을 쉽게 떠올리지는 못하는 것들이다. 너무 평범해서 보통은 그런 것에 관심을 보이지는 않는다. 시어로 변한 대상들은, 명사 혹은 형용사로 작용하며 음절을 위해 봉사하고 리듬을 만들어낸다. 그 리듬 때문에 우리는 시간의 흐름을 소리로 느끼며 공간을 차지하고 있는 풍경을 직접 볼 수 있게 된다.

스페인 시를 사랑하는 사람이라면 언젠가는 안또니오 마차도를 만나기 마련이다. 그는 언어를 일부러 비틀거나 강력한 이미지를 제시하거나 하지 않는다. 적어도 그렇게 애쓰지 않는 것처럼 보인다. 그것 때문에 독자들은 그가 그린 풍경에 더욱 집중하게 된다. 여기서 풍경은 관찰당하기 위해 존재하며 또한 스스로 자신의 의지로 살아간다. 마차도가 자주 사용하는 감탄사는 독자를 아이러니에 빠뜨리곤 한다. 소박하기 때문에 감탄을 해야 하는 것일까?

*

1875년 세비야의 라스두에냐스 거리에서 안또니오 마차도는 태어났다. 레몬나무가 빠띠오 한 가운데에 있고 햇빛이 무대조명처럼 밝은 그곳에서. 시 <자화상>에서 시인은 그 기억을 떠올린다.

내 유년 시절의 기억은 세비야의 한 빠띠오와

레몬나무가 자라는 햇빛 좋은 정원이다.
까스띠야 땅에서 스무 해의 내 젊음,
내 이야기, 기억하고 싶지 않은 몇 가지 사건들.

안또니오가 태어나기 얼마 전 스페인은 2년의 공화정시대가 끝나고 군주제로 복귀했다. 공화파와 왕당파, 좌파와 우파, 진보와 보수가 서로서로 실험을 겪던 시절이었다. 왕정복고 시대가 시작되면서 왕당파들은 공화파들을 탄압했다. 심하게 다루지는 않았고 균형을 맞추기 위한 정도로 보이는 그런 탄압이었다. 공화파 지식인들이 반발했고 몇몇 교수들이 투옥되거나 사직해야 했다. 세비야 대학 교수였던 할아버지 안또니오 마차도 누녜스는 왕정복고에 저항하는 세력에 속했다. 아버지 안또니오 마차도 알바레스는 스페인의 민속 전통 연구에 매달렸고, 깐떼혼도-안달루시아 지역의 전통민요-에 대해 책을 쓰기도 했다. 스페인에서 교육은 오랫동안 가톨릭교회의 몫이었다. 교육을 가톨릭에서 분리시키는 것은 자유주의자들이 적극적으로 시도한 개혁의 하나였다. 히네르 델 로스리오스(Francisco Giner de los Ríos)를 중심으로 마드리드에 창설된 자유교육학교가 그 결과였다. 1883년 마차도 가족은 마드리드로 이주했다. (할아버지 부부는 세비야에서 계속 생활했다.) 아버지는 이 학교에서 민속학을 강의하기 시작했고, 안또니오와 한살 위의 마누엘 마차도 형제는 이곳에서 새로운 교육을 받게 된다. 나중에 안또니오가 98

세대의 일원이 되고 평생을 사회주의자로 살게 된 것은 이때의 교육 때문이다.

이십대 초부터 시를 발표하면서 안또니오는 미겔 데 우나무노, 바예-인끌란, 후안 라몬 히메네스와 문학적인 우정을 키웠고, 후안 라몬과는 각별한 사이가 된다. 두 사람은 안또니오가 죽을 때까지 편지를 지속적으로 교환했다.

1890년대 활동을 시작한 스페인의 젊은 시인들은 대부분 루벤 다리오의 모데르니스모(Modernismo)에 빠져들었다. 안또니오는 1899년과 1902년, 두 번의 파리 여행에서 루벤을 만나 니카라과 출신의 이 감성적인 시인에게 더욱 빠져들었다. 첫 시집 『고독 Soledades』(1903)은 모데르니스모의 그림자가 충분히 드리워진 작품이다.

모데르니스모 미학을 느껴보기 위해 루벤 다리오의 전설적인 시집 『푸름 Azul』(1888)에 수록된 시 한편을 읽어본다.

고요한 밤 씁쓸한 향수에 시달리던 나는
평안을 찾아 침묵에 잠긴 시원한 정원으로 내려갔다.
어두운 하늘에는 흑단에 박힌 황금빛의 신성한
재스민처럼 아름다운 비너스가 흔들리며 반짝였다.

사랑에 빠진 내 영혼은 별실의 지붕 밑에서
아니면 남자들의 어깨에 들린 가마 위에서

몸을 기댄 채 거리에 빛을 뿌리며
연인을 향해 달려가는 동양의 왕비 같았다.

<비너스> 부분

이국적인 정서, 사춘기적인 감상, 불멸성으로서의 아름다움, 그리고 무엇보다 강력한 음악적인 리듬과 회화적인 언어를 느낄 수 있다. 백조(cisne)는 루벤이 가장 좋아하던 시적 동물이었고 우아함과 순결을 상징하는 새였다. 『푸름』의 감수성은 초기 마차도 시에 그대로 반영되어있다.

나른한 레몬나무에 창백한
먼지투성이 가지가 매달려있다.
맑은 우물에 끌려
그곳 깊은 곳에
황금빛 열매들 피어나고…
어느 밝은 오후,
거의 봄이 다가오고,
사월의 미풍이
삼월의 잔잔한 오후를 밀어내고,
천진한 오랜 환상을 찾아
나는 소리 없는 빠띠오에 홀로 있다.

<나른한 레몬나무> 부분

안또니오는 시 하나를 계속 고쳐나가는 것을 좋아했고, 일단 출판된 것도 계속 수정해나갔다. 1907년의 『고독, 회랑들, 다른 시들』은 1903년의 『고독』을 수정하고 확장한 시집이다. 여기에는 <나른한 오후처럼> 모데르니스모 적인 시와 모데르니스모에 저항하는 시가 서로 대화를 나누고, 몇 편의 시는 다음과 같은 마차도의 유명한 시학에 근접한 시도 있다.

단단하고 영원한 대리석도 아니고
음악도 그림도 아니며
(시는) 시간 속의 언어다.
(Ni marmól duro y eterno
ni música ni pintura
sino palabra en el tiempo.)

『선택된 시들』(1917)의 서문에서 안또니오는 이렇게 쓴다.

1903년 나의 첫 시집은 1899년에서 1902년 사이에 쓴 시들이다. 그 무렵은 루벤 다리오는 선택된 소수의 우상이었고, 나 역시 『불경의 산문들 Prosas profanas』의 작가, 형식과 감각의 거장이자, 나중에 『삶과 희망의 노래 Cantos de vida y esperanza』에서 깊이를 더하는 루벤 다리오를 존경했다. 그러나 얼마 후 나는 다른 노선을 선택했다. 시라는 것은 음성학적인 가치와 색채, 운율, 감각들의 복잡한 구성이 아니라 영혼의 깊은 울림이라고 생각했기 때문이었다.

안또니오는 <Orillas del Duero>란 제목의 시를 모두 3편을 썼는데, 한 편은 『고독, 회랑들, 다른 시들』에 수록된 것이고, 두 편은 시집 『까스띠야 들녘 Campos de Castilla』(1912)에 수록된 것이다. 그렇게 보면 『고독, 회랑들, 다른 시들』의 <두에로 강변>은 까스띠야를 다룬 최초의 시가 된다.

종탑 높은 곳에 황새 한 마리 모습을 드러낸다.
탑 주위와 외딴 오두막을 돌면서
벌써 제비들이 울어댄다. 지옥의 혹독한 기운이
눈보라와 찬바람의 하얀 겨울을 지나갔다.
미지근한 아침이다.
태양이 소리아의 소박한 땅을 살짝 달군다.

거의 푸른빛의 소나무들이
지나가고, 봄은
강과 길의 부드러운
버드나무에서 태어난다.
두에로 강은 끈질기게, 말없이, 완만하게 흘러간다.
들녘은 젊음보다는 사춘기에 가깝다.

잡초 사이로 어떤 소박한 꽃이
푸르게 그리고 희게 태어난다.
이제 막 꽃을 피운
들녘의 아름다움!
신비스런 봄!

하얀 길의 버드나무들, 강변의 백양나무들,
낮의 태양, 맑은 한낮,
산을 에워싸는 거품들!
스페인의 아름다운 땅이여!

저기 밀밭이 있고, 저기 하늘이 있다. 그리고 그 사이를 지나가며 풍경의 형태를 선명하게 드러내주는 지평선이 있다. 교회 종탑이 있다. 황새가 있다. (백조는 모데르니스모의 시적 상징이었고 황새는 까스띠야 어디서나 볼 수 있는 현실적인 새다.) 오두막이 있다. 그들은 그곳에 있을 뿐 아직 풍경은 아니다. 한 젊은 남자가 그곳-그곳은 도대체 어디를 말하는 것인가?-에 들어선다. 남자는 자신의 눈앞에 펼쳐진 대상들을 본다. 우리에게 펼쳐진 까스띠야 평원은 고요하고 단조롭다. 화자는 우리에게 말을 걸며 평원을 그려내려 한다. 처음 몇 행은 화자가 목격하고 있는 장면이 아니라 과거의 기억으로 시작한다. 그 기억에서 황새 한 마리 종탑 위에 올라있고 제비들은 지저귀고 있다. 바람이 겨울을 지나 간신히 도착했고, 남자는 미지근한 아침을 맞는다. 현재로 돌아와, 시인은 시간이 흐름을 느낄 수 있도록 형식을 움직인다. 공간에서 시간의 영역으로 빠져들고, 음절과 시행을 배치할 때 미세한 균열을 일으켜 바라보는 공간이 과거에서 밀려와 현재로 스며드는 흐름을 느끼게 한다. 사물의 기호-소나무, 봄, 버드나무, 길, 두에로 강-자체가 시간 속에서 움직이고 있음을 공감하게 한다. 강물은 불완전한 리듬으로 그러나 중단되지 않고 흘러간다. 지금까지 관찰자에 머물던 화자는 풍경의 대상들과 거리를 좁히고 자아를 끼워 넣기 시작한다. 흰색의 반복, 거의 동일한 톤의 초록색과 푸른색의 반복. 그것이 까스띠야의 본질이라는 것일까? 마지막 시행이 독자를 기다린다.

> 스페인의 아름다운 땅!
>
> (¡Hermosa tierra de España!)

아이러니! 모순적인 긍정이다. 가난한 땅 그러나 아름다운 땅! 이 아이러니는 앞의 행 "거의 꽃이 피지 않은 들녘의 아름다움!"과 이어져있다. 화자는 (물리적으로) 풍부하지 않은 풍경을 보여주면서 (정신적으로) 풍부한 풍경을 대하도록 요구하며 감정의 아이러니를 이끈다. 아이러니는 반복되는 감탄사 때문에 더 깊어진다. 이미지의 가난 혹은 가난의 이미지!

*

1905년에 들어서며 안또니오는 시인이라는 직업에 한계를 느꼈다. 가장 큰 이유는 집안의 실질적인 경영자였던 친할머니가 세상을 떠났기 때문이었지만, 나이가 들며 생계를 생각하지 않을 수 없게 된 것이다. 그는 이렇게 썼다. “시에만 전념하는 남자는 시인이 될 수 없는 것 같다.” 아무튼 안또니오는 시를 쓰기 위해 직업이 필요했고 처음 시도한 직업은 은행원이었다. 다행히도(?) 은행에서 일자리를 구할 수 없었고 프랑스어 교사를 생각하게 된다. 교사를 직업으로 선택하게 된 배경에는 자유교육학교 스승인 히네르 델 로스리오스의 영향이 컸다. 고등학교 교사임용시험 공고는 1905년 8월 1일에 있었고 안또니오는 지루한 과정을 거쳐 1907년 4월에 교사임용을 받았다. 일곱 자리를 두고 모두 125명이 경쟁을 했는데 안또니오는 6등을 한 덕분에 소리아의 고등학교로 발령을 받았다. 가고 싶은 곳은 바에사였지만 임용 순위대로 도시를 선택하는 제도 때문에 자신의 차례가 됐을 때는 소리아(Soria)와 오렌세(Orense)밖에 남지 않았다. 안또니오 마차도하면 소리아의 시인 혹은 까스띠야의 시인이라는 이미지가 강력하게 따라다니는 것을 생각하면 재미있는 상황이 아닐 수 없다. 한 달 후 안또니오는 소리아에서 교사생활을 시작하지만 소리아라는 마을과 풍경에 한동안 끌리지 않았다. 소리아가 마음에 들지도 않았고 소리아를 담은 시를 쓰지도 않았다. 그러다 예상치 않은 이유로 정을 붙이게 된다. 안또니오가 묵고 있던 하숙집에 집을 떠나있던 주인집 딸 레오노르 이스끼에르도(Leonor Izquierdo)가 도착한 것이다. 두 사람이 만난 정황은 자세히 알려져 있지 않지만. 1908년과 1909년 사이 겨울에 두 사람은 가까워졌던 것 같다. 레오노르는 15살이었고 안또니오는 34살이었다. 시골마을 학교에 전근 온 교사와 하숙집의 딸의 연애는 새로울 것이 없지만 안또니오의 경우에는 그렇지 않았다. 25살의 여자와 44살의 남자였으면 그런대로 이해가 됐으련만, 레오노르의 나이가 사춘기라는 게 문제였다. 15살은 어딘가 위험해 보이는 나이가 아닌가? 16살은 여전히 어리지만 성의 경계를 넘은 나이라고 할 수 있다. 안또니오는 교사였고 괜찮은 시집을 출간한 주목받는 시인이었으며 마드리드의 작가들과 교류하는 지적인 남자였다. 레오노르는 지나치게 어리고 초등학교 정도의 지적 수준을 가진 시골소녀였다. 사방에서 친구들이 비난의 편지를 보내고 신문에도 두 사람의 관계가 실리면서 스캔들이 되는 듯했다. 그러나 안또니오는 뜻을 굽히지 않았고 레오노르의 부모로부터 결혼 허가를 받아낸다. 당장 결혼식을 올리고 싶었지만 레오노르가 만 16살이 되는 1909년 6월까지 기다려 7월에 결혼식을 올릴 수 있었다. 두 사람은 신혼여행으로 바르셀로나를 택했다. (까딸류냐의 수도에는 형인 마누엘 마차도가 살고 있었다. 시인이지만 동생보다 현실적이고 사회성이 강했던 마누엘은 한동안 연애를 하던 까탈루냐 여자와 헤어지고 어린 시절 친구였던 부르주아 출신의 에우

랄리아 까세레스와 결혼해서 도서관 사서로 일하고 있었다.) 그러나 갑자기 터진 "비극의 일주일"[1] 때문에 신혼여행은 엉망진창이 되고 말았다.

신혼에 들어서며 안또니오는 소리아 생활에 깊이 빠져들었고, 부부는 두에로 강변으로 산책을 나가는 일상을 보내게 되었다. 시인은 눈앞에 펼쳐진 풍경에 사로잡히기 시작했다.

소리아의 봄이여! 텅 빈
황무지에 곤히 잠들었을
나그네, 혹은 복자의
꿈을 닮은 소박한 봄이여!
농촌 여인의 거친 삼베처럼
노랗게 물든 들녘! 때에 찌든
메리노 암컷이 풀을 뜯는
먼지 먹은 비로도 평원!

험하고 차가운 대지의
촘촘한 전답들, 그곳에
우리에게 일용할 양식 주는
보리밭과 밀밭 자라네!

---

1 La Semana Trágica: 1909년 6월 26일에서 7월 2일 사이에, 바르셀로나를 비롯해서 까딸루냐의 여러 도시에서 벌어진 노동자 혁명.

(…)

험한 배반의 땅, 나의 땅이여!
까스띠야, 너의 노쇠한 도시들!
너의 우울한 고독을 채워가는
씁쓸한 멜랑꼴리!

남자다운 까스띠야, 무뚝뚝한 땅,
운명을 거스르는 시큰둥한 까스띠야,
고통과 전쟁의 까스띠야,
불멸의 땅, 죽음의 까스띠야!
(…)
오, 두에로 강이여, 강물은 흐르고
흐를 것이다. 오월의 태양이
일월의 흰 눈을 협곡과 벼랑 사이를
흘러가게 하는 동안에,
산맥들이 눈과 폭풍의 터번을 두르고
잿빛 구름을 뒤로하고
태양의 투구가 반짝이는 동안에…

옛 로만세는 네 강변에 있는
음유시인의 꿈인가? 두에로 강이여,
까스띠야는 너처럼 그리고 영원토록

바다를 향해 흐를 것인가?

『까스띠야 들녘』, <두에로 강변> 부분

도입부에서 화자는 눈앞에 펼쳐진 풍경을 인상주의적 관점으로 포착해낸다. 마차도는 감상적인 면을 지워내고 풍경과 화자 사이에 거리를 두며, 건조한 까스띠야 풍경을 더욱 냉정하게 담아낸다. 정적으로 흘러가던 풍경은 조금씩 독자를 시간 속으로 끌어들이고 화자의 개인적인 시간은 점차 까스띠야 전체의 역사로 이어지며, 까스띠야의 과거는 강물이 흘러가듯 현재로 그리고 미래로 흘러간다.

1910년 봄 안또니오는 자유교육학교에서 지원하는 장학금으로 다시 파리를 가게 된다. 이번에는 레오노르와 함께였다. 두 사람은 소리아 산골을 떠나 발레시아까지 시골버스를 타고, 그곳 여관에서 하룻밤을 보낸다. 발렌시아에서 더 현대적인 버스를 타고 바르셀로나에 도착한 다음 유럽횡단기차를 타고 파리에 도착했다. (오리엔트특급을 탔을 지도 모른다.) 그들을 환대해준 사람은 또 다시 루벤 다리오였다. 파리의 다락방. 그해 여름 안또니오와 레오노르는 센 강이 보이는 비둘기 집에서 신혼의 끝을 보내고 있었다. 안또니오는 대학에서 강의를 듣게 되는데, 특히 앙리 베르그송의 철학 강의에 깊이 빠졌다. 원래부터 시간성에 대해 깊은 관심을 가지고 있던 안또니오는 베르그송의 강의를 들은 후 더욱 견고하게 시간에 바탕을 둔 시학을 가지게 된다. 베르그송은 시간적 연속성이라는 의식이 삶을 더 진실로 끌고 가며 삶을 더 아름답게 만든다고 생각했다. 째깍거리는 기계적 시간은 과거와 현재를 분리하지만, 우리의 의식에서 과거와 현재는 분리되지 않으며 과거는 현재와 연결된 채 현재의 일부로 작용한다. 베르그송은 꿈이야말로 기계적 시간에서 우리의 의식을 해방시켜 존재적 시간으로 이끌어간다고 생각했다. 때때로 안또니오에게 시 쓰기는 꿈을 꾸는 행위, 과거-개인적인 과거뿐 아니라 까스띠야의 역사적 과거-를 불러오는 행위가 되기도 한다. 까스띠야, 그리고 까스띠야에 영혼을 두고 있는 스페인. 스페인의 과거의 영광과 현재의 데까당스. 『까스띠야 들녘』을 통해 안또니오 마차도는 98세대의 일원이자 핵심적인 작가가 된다.

파리의 한여름 밤. 레오노르는 각혈을 심하게 하며 쓰러졌다. 안또니오는 여기저기를 수소문 끝에 의사를 불러올 수 있었다. 몇 주일 동안의 입원과 루벤 다리오의 도움. 레오노르의 퇴원. 소리아로의 귀환. 아내를 치료하기 위한 안또니오의 헌신적인 간병, 휠체어에 어린 아내를 태운 채 산골 마을을 다니기, 회복되지 않는 아내의 병… 그 과정에서 소리아로 상징되는 까스띠야 평원의 모든 것, 느릅나무와 잡초들, 평원과 지평선을 바라보며 시인은 절망과 대화한다.

시 <말라버린 느릅나무에게 A un olmo seco>에는 죽어가는 아내를 향한 마지막 희망이, 역시 죽어가는 느릅나무를 통해 드러나고 있다.

섬광으로 갈라지고 사월의 비와
오월의 태양으로 반쯤 썩어버린
늙은 느릅나무, 그곳에서 몇 개의
푸른 잎이 솟아났어.

두에로 강이 쓸고 가는 언덕 위,
백년의 느릅나무, 먼지투성이에
벌레 먹은 줄기에 노란빛
이끼가 껍질을 하얗게 만들었어.

황갈색 나이팅게일들이 거주하는,
바람에 흔들리는
백양나무처럼 되지는 않겠지만.

수많은 개미들이 행렬을 지어
기어오르고 줄기 안은 거미들이 쳐놓은
거미줄로 가득 찬 느릅나무.

두에로 강의 느릅나무, 나무꾼이
도끼로 너를 쓰러뜨리고, 목수가
너를 종 머리나 수레바퀴로
혹은 달구지 굴레로 만들기 전에,
내일 아궁이에 던져져서 초라한 움막을
몽땅 태우는 장작이 되기 전에,
소용돌이가 너를 부서뜨리고
흰빛 산맥에서 불어오는 바람이
너를 날려 보내기 전에,
강물이 계곡과 벼랑을 지나
너를 바다로 밀어내기 전에,
부디 내 일기에 너의 가지에
푸른 은총이 피어났다고 적을 수 있기를.

빛과 생명을 향한
봄의 또 다른 기적을
내 마음이 기다릴게. (1912, 소리아에서)

1912년 유월에 『까스띠야 들녘』이 출판되었고, 출판사에서는 한 부를 시인에게 보내주었다. 안또니오는 "나의 레오노르, 안또니오(A mi Leonor, Antonio)"라고 쓴 『까스띠야 들녘』를 레오노르에게 바쳤다. 아내는 결국 그해 칠월에 폐결핵으로 세상을 떠난다. 『선택된 시들』의 서문에서 안또니오는 이렇게 쓴다.

> 소리아는 내 인생의 성지가 되었다. 나는 그곳에서 결혼했고 또 아내를 잃었다. 소리아 5년은 내 눈과 심장을 까스띠야의 본질을 향하도록 이끌었다.

경쾌한 리듬과 예쁜 시어로 독자들의 마음을 사로잡은 <기차를 타고>를 읽어본다. 스페인 문학 전문가이자 탁월한 전기 작가인 이안 깁슨은 안또니오 마차도의 전기를 출간할 때 "나는 짐을 가볍게 하고"를 제목으로 달기도 했다.

> 여행을 갈 때마다
> 나는 짐을 가볍게 하고
> 3등 객차에서
> 나무 의자에 앉아 갑니다.
> 밤기차에서는 늘
> 잠자지 않으려하고,
> 낮에는 스쳐가는
> 나무들에 정신이 팔려
> 역시 잠자지 않습니다.
> 그럼에도 나는 잘 견딥니다.

멀어져간다는 그 기쁨 때문이죠.
떠나고 싶은
아름다운 도시들 때문이죠.
런던, 마드리드, 폰페라다…
도착은 절망을 가져다줍니다.
뿐만 아니라 기차는
달려가며 우리가 꿈꿀 수 있게 합니다,
우리는 거의, 거의
우리가 올라탄 삐쩍 마른 말을 잊어버립니다.
오, 길들지 않는 수컷 말!
길도 어찌나 잘 아는 지요!
여기는 어디쯤일까?
우리 모두 어디서 내려야하지?
내 앞에는 누가 앉아 있을까?
세상에, 앙증맞은 예쁜 수녀가!
그 고즈넉한 목소리
무한한 희망과 고통을
함께 불러오는 그 목소리.

부분

*

시집 『까스띠야 들녘』에는 712행에 이르는 긴 시가 있다. <알바르곤살레스의 땅>은 한동안 유럽시 전통에서 잊혀진 '이야기 시(poema narrativo)'를 부활시킨 것이다. 로만세(romance)는 스페인 중세 서사시에 사용되던 시 형식이자, 자체로 이야기시라는 의미를 지니고 있었다. 스페인 국민 서사시 『엘시드』에서처럼 로만세가 민중이 좋아하는 영웅의 무훈담과 사랑의 이야기를 가리키던 때가 있었다. 안또니오 마차도는 어느 여행길에서 농부가 들려준 한 마을의 기묘한 이야기를 듣고 그것을 서사시로 재구성했다.

> 젊은 알바르곤살레스는 부유한 재산을 물려받았어. 과수원과 수많은 벌통, 부드러운 잔디가 깔린 두 개의 평지, 밀밭과 보리밭, 마을에서 멀지 않은 떡갈나무 숲을 물려받았지. 알바로곤살레스는 부르고스 출신의 한 아가씨를 알게 되었어. 얼마 후 결혼을 했지. 빼리바녜스라는 가문에는 세 딸이 있었는데 맏딸인 그녀가 가장 아름다웠지. 한 때는 부유했던 그 가문, 지금은 가세가 기울었지만 혼례만큼은 얼마나 요란했는지.

<알바르곤살레스의 땅>에는 까스띠야 농촌의 삶, 까스띠야 마을의 이름들, 그들을 이어주는 길의 풍경들 그리고 카인

과 아벨의 마차도 판본이 들어있다. 첫 부분을 들어보자.

여기서는 잘 산다 할만한
평범한 농장 주인으로
젊은 알바르곤살레스가 있었는데,
베를랑가 페리아에서
한 아가씨에게 반했다네.
알바르곤살레스는 바로 그해에
아가씨를 아내로 삼았다네.
결혼식은 멋있었고

사람들은 요란했던
결혼 파티를 기억한다네.
(…)

알바르곤살레스는 자신의 땅을
사랑하며 행복하게 살아갔다네.
세 명의 사내아이가 태어났으니
이런 시골에선 재산이 아닐 수 없다네.

이제 모두 자라서,
큰 아이는 과수원을 경작하고

둘째 아이는 양을 치고
막내는 교회로 갔다네.

농사꾼이란
카인의 후예들
농부의 가정에는
시기심이 들끓는 곳이 아니던가.

위 두 아이들이 결혼을 하니
며느리들이 들어왔으나
손자 녀석들을 낳기도 전에
집안에 불화가 이만저만이 아니네.
(…)
막내는 아름다운 아가씨들 보다
라틴어를 더 좋아해서
머리부터 옷 입는
것을 싫어했다네.

막내는 어느 날 신부복을 입고
먼 땅들로 떠났다네.
어머니 울고 아버지는
막내에게 축복과 유산을 내렸다네.

(…)

야곱처럼 알바르곤살레스는
땅에서 하늘로 이어진
계단을 보았고
그에게 말하는 목소리를 들었네.

(…)

샘물 가장자리에
알바로곤살레스가 죽어있네,
옆구리와 가슴 사이에
4개의 단도자국
그곳에서 피가 흐르고,
거기에다 목에 난
도끼 자국.
물이 맑게 흐르며
들판의 사건을 들려주는 동안
두 살인자는
너도밤나무 숲으로 도망가고.

*

아내를 잃고 안또니오는 소리아를 떠나 바에사(Baeza)로 간다. 바에사는 "알따 안달루시아(La Alta Andalucía)" 즉 안달루시아 북부에 위치한 하엔(Jaén) 지방의 중심 도시다. 교사임용시험에 합격해서 발령지를 고를 때 가고 싶었지만 순위에 밀려 갈수가 없었던 곳이다. 소리아는 인생의 성지였지만 또한 고통의 땅이기도 했다. 바에사는 소리아보다 더 푸른 곳이고 이슬람 건축물이 도시를 에워싸고 있는 곳이다. 그러나 안또니아가 기대했던 도시와는 거리가 멀었던 것 같다. (아내의 기억을 떨쳐버리기 위해 선택한 도시라면 어딘들 마음에 들었을까?) 그는 1912년 11월 1일 그곳에 도착해서 그 후 5년을 보내지만, 늘 친구들이 있는 마드리드로 가고 싶어 했다. 바에사에서는 어머니와 함께 생활하며 일에만 몰두했다. 많은 시를 썼고, 수많은 평론과 편지 등 산문도 쉴 사이 없이 썼다. 이 산문들은 시인이 타계한 후 『보충적인 글 Los complementarios』이라는 이상한 제목으로 출간된다. 하엔에서도 좋아하는 산책과 풍경 만나기를 계속했고, 하엔에서 우베다로 가는 길에 펼쳐지는 올리브나무 숲과 안달루시아를 관통하는 과달끼비르 강변을 무척 좋아하게 된다. (1924년에 출판한 『새로운 노래들 Nuevas canciones』에는 이때의 시들이 실려 있다.)

『까스띠야 들녘』이 유명해진 덕에 방문객이 찾아오기도 했다. 그중에는 그라나다 대학 예술사 교수인 마르띤 도밍게스와 그가 이끄는 학생들이 있었는데, 그중에 가르시아 로르까도 있었다. (이 여행을 다녀온 후 로르까는 에세이집 『인상과 풍경』을 쓴다.) 안또니오는 바에사를 탈출하려고 여러 번 시도했다.

1915년 후안 라몬 히메네스에게 보낸 편지에서 바에사의 생활을 "망명"으로 표현할 정도였다. 교사라는 직업을 선택하기는 했지만 안또니오는 강의를 별로 좋아하지 않았고 교사로서 유능하지도 못했다. 교직을 그만두고 언제라도 마드리드의 예술적 모임, 그 활기찬 생활로 돌아가고 싶어 했다. 그러다 1919년 세고비아로 가게 된다. 세고비아에서 마드리드는 기차로 한 시간 거리. 안또니오는 설레는 마음으로 까스띠야의 오래된 이 도시로 들어섰다. 시인은 마흔 네 살에 이르러 염원하던 마드리드를 주말마다 드나들며, 까페에서 잡담을 하고 떠들썩하게 시낭송 모임을 갖고 막차를 타고 세고비아의 하숙집으로 돌아오는 생활에 젖어들게 된다. 세고비아에서 1939년 1월까지 살았으니 인생의 후반부를 모두 여기서 보낸 셈이다.

안또니오 마차도가 1927년 <스페인 레알아카데미아> 회원이 되었다는 사실은 국가가 그의 문학적 업적에 기념비를 세웠다는 것을 의미하며, 동시에 이제 시인으로서는 새로울 것이 없다는 선언에 가까운 것이었다. 만년에 쓴 시에는 레오노르를 대신해서 기오마르(Guiomar)라는 이름이 등장한다. 독자들은 그 이름을 문학 속의 명명, 시적인 대상, 혹은 레오노르의 가상의 대체물 정도로 받아들였다. 안또니오는 1928년 한 까페에서 시인이자 유부녀인 삼십대 후반의 삘라르 데 발데라마(Pilar de Valderrama)를 알게 된다. 두 사람은 세고비아와 마드리드에서 몇 번 만나기는 했지만, 주변의 시선을 피해 서신을 교환했고, 연애편지는 안또니오가 망명길에 나설 때까지 계속되었다. 비밀로 남아있었으면 좋았으련만, 두 사람의 관계는 오랜 시간이 흐른 뒤에 공개되고 만다. 기오마르-안또니오는 시와 편지에서 그녀를 그렇게 불렀다-는 1979년 타계하며 '회고록'을 남겼고, 회고록은 이 년 뒤 『네, 내가 기요마르에요 Sí, soy Guiomar』라는 제목으로 출판되었다.

안또니오는 스페인 시민전쟁이 국민전선의 승리로 기울어가던 1939년 1월, 피레네 산맥을 넘어 프랑스로 망명을 시도한다. 그는 어머니와 함께 꼴리우흐라는 남프랑스 어촌마을에 도착한다. 1939년 2월 22일 안또니오 마차도는 숨을 거두었고, 3일 후 어머니 도냐 아나 루이스도 아들의 길을 따라갔다.

02

후안 라몬 히메네스

언어의 내면

사람들이 줄쳐진 종이를 주거든 다른 방법으로 그것을 써봐.

후안 라몬 히메네스

후안 라몬은 친근하고 열려있는 사람이었지만 시 작업에 대해서는 철저했던 것 같다. 마드리드 시내 아파트에 살 때 후안 라몬은 이웃들의 소음을 피하기 위해 서재의 천정과 벽을 코르크로 포장했다는 이야기가 남아있다. 목욕을 할 때는 욕조의 물을 같은 온도에 맞추고 나서야 욕조로 들어갔다는 이야기도 남아있다. (사실 여부는 중요하지 않을 것이다. 소문이나 전설에는 상징이 있고 그 상징만큼은 진실이기 때문이다.)

*

끄리스또발 꼴론이 라스인디아스(Las Indias)를 향해 출항했던 우엘바 지방의 역사적인 항구 모게르(Moguer)에서 1881년 시인은 태어났다. 학교를 들어갈 무렵이 되자 가족은 보다 현대적인 뿌에르또 데 산따마리아(Puerto de Santa María)로 이

주한다. 어린 히메네스는 이곳의 예수회 학교를 다니며 유년시절을 보냈고 마드리드로 가기까지 대부분의 성장기를 남부 지중해에서 보내게 된다. 초기 시에 자주 등장하는 '순수와 멜랑꼴리의 자연'은 이 시절 기억에 각인된 것이다. 사춘기의 후안 라몬은 신경쇠약과 호흡장애에 시달리며 요양소를 들락거렸고 병상에서 많은 시간을 보내야했다.

쓸쓸한 내 인생
그것도 부족해 시(詩)까지 써대는
나에게
아무도 입맞춤하지 않았지.

입술에 대한 향수를 느낄 때마다
나는 슬퍼진다.

사색에 잠겨 꿈꾸듯
내 자리로 돌아온 오후
나는 거울 위로 몸을 기울여
내 입술에 입맞춤하고는
기절하고 말았다.

『서정의 시 Rimas』, <입술에 대한 향수(鄕愁)>

열네 살부터 시를 쓰기 시작한 시인은 열아홉 살이 되던 1900년 마드리드로 가서, 3년 뒤 실질적인 첫 시집 『슬픈 아리아 Arias tristes』(1903)를 출간한다. 이 시집은 안또니오 마차도의 첫 시집처럼, 루벤 다리오의 모데르니스모 미학에 젖어있는 시집이다. 육체적 고통은 주변으로 시선을 돌리게 했고 사물을 관찰하며 그 경험을 시로 쓰게 된다. 바다와 태양처럼 장엄하고 유일한 존재에서부터 장미와 나뭇가지와 벌레에 이르는 미세한 사물, 그리고 무생물에 이르기까지. 아직은 감상적 톤이 지배적이기는 하지만 감정 하나하나가 주변 사물로 환유되는 것도 이 시기의 특징이다.

겨울의 혹독함으로
평원은 잠들어 있고
오늘 저녁 하늘에는
별도 새도 없다.

꽃도 방울소리도 메아리도 없는
저 먼 계곡에,
옛 마을이 하얀 연기 속에
엷게 사라져간다.

흐릿한 신비로 가득 찬,

해변의 마른 백양나무들이
연기처럼 나풀거린다.

가슴속에는 얼음 같은
마음을 가지고 있으면서
왜 다른 이의 시선과 미소와
입맞춤을 그리워하는지…

『슬픈 아리아』, <별도 새도 날아가 버린 하늘> 부분

마드리드 생활이 시작되고 얼마 되지 않아 과다라마 요양소에서 몇 달을 보내야했던 후안 라몬은 건강을 회복하고 시 작업에 몰두하기 위해 1905년 고향인 모게르로 돌아간다. 이 시기에 후안 라몬은 초기 시의 센티멘털리즘에서 벗어나 사물의 덧없음과 숨겨진 삶의 비밀을 언어로 포착하려 했다.

그렇게 나는 떠나고
그렇게 새들은 남아 노래하겠지
내 정원도
초록빛 나무와 하얀 우물과 함께 남게 되겠지.
(…)
사랑하던 사람들은 죽어가고
마을 사람들은 매년 새로 만들어지겠지.

하얀 집과 꽃이 있던

내 정원의 모퉁이에서

내 영혼은 향수(鄕愁)에 미쳐

맴을 돌겠지…

『전원시 Poemas Agrestes』, <마지막 여행> 부분

1912년 마드리드로 돌아온 후안 라몬은 3년 동안 <레시덴시아 데 에스뚜디안떼스>에 거주하며 시 창작과 문학 토론에 몰두할 수 있었다. (그중에는 헤라르도 디에고, 호르헤 기엔, 가르시아 로르까가 있었고, 나중에 이들은 선배 시인으로서 히메네스에 대한 기억을 공유한다.) <레시덴시아> 생활을 접은 것은 세노비아 깜쁘루비 아이마르(Zenovia Camprubí Aymar) 때문이었을 것이다. 작가 지망생이었던 세노비아는 후안 라몬을 1913년에 알게 되었고 인생의 친구, 문학적 스승으로 평생을 함께 하게 된다.

1916년, 후안 라몬과 세노비아는 함께 배를 타고 대서양을 건너 미국에 도착한다. 후안 라몬은 아메리카가 처음이었고 세노비아는 미국 시민권자였으며 또한 푸에리토리코에도 외가 친척들이 있어서, 시민전쟁 후 고국을 결정적으로 떠났을 때 그곳에 정착하는 끈이 된다. 두 사람은 뉴욕에서 결혼식을 올리고 한동안 그곳에 체류한다. 신대륙에서 그는 영어권 시인들에 조금씩 빠져든다. 윌리엄 브레이크와 에밀리 디킨슨, 로버트 브라우닝과 로버트 프로스트, 윌리엄 버틀러 예이츠는 그를

지속적으로 유혹하는 시인들이었다. 또한 인도 시인 타고르의 범신론에 깊은 영향을 받았다. (세노비아는 남편과 함께 타고르의 시를 스페인어로 번역했다.) 『신혼 시인의 일기 Diario de un poeta recién casado』는 이런 변화가 반영된 제2기의 작품으로, 대서양과 아메리카의 경험으로 시인은 바다 같은 거대한 대상과 절대적이고 신비한 어떤 것을 표현하기 시작한다. (시인은 1948년 시집 제목을 『시인과 바다의 일기』로 수정하면서 바다의 이미지를 강조했다.)

양철 같은 파도
석회처럼 하얀 거품
거대한 적막의 바다가
우리를 감싸고 있다.

북쪽, 동쪽, 남쪽, 서쪽,
어디를 봐도 똑같은 바다와 하늘.
회색과 딱딱함,
흰색과 건조함뿐.

『신혼시인의 일기』, <모노톤> 부분

이 세상에 아무도 없다는 느낌,
내 육체만 거인이 되어가는 느낌,

추위에 떨며 열이 나고
수천 개의 유령들이 나를 에워싸네…

삶이 꺼져가고
오직 내 심장의 맥박만이 살아있네,
세상은 내 영혼에 거주하고
공간은 꿈으로 변하네…

『신혼시인의 일기』, <녹턴> 부분

시인은 장식적 수사와 감각적인 울림을 축소하고, 감정에 맞서며 그 감정에 결을 만들어 간다. 본질을 보려하고, 숨겨진 것을 보려한다. 감각적인 풍경들은 본질적인 풍경 속에 자신을 집어넣는다. 시인은 개인이 아닌 인간의 대변인으로서, 일상과 과거 속으로 묻힐 수 있는 경험을 현재에 묶어두고 특별한 정황으로 변모시킨다.

시간과 기억들은
지름길로 오지 않고,
빛과 바람타고 온다.

우리는 조용한 바다 위로
미소 지으며 걸어간다.

집은 달콤하고,

그 집을 방문하는 것은 아름답다.

그리고 한 순간,

우리는 우리의 삶을 지배한다.

『아름다움 Belleza』, <사랑> 부분

*

1920년대부터 히메네스의 시에는 시를 이렇게 써야 한다는 의지가 끼어들기 시작한다. 시어는 관념으로 난해해지고 주제는 메타포임에 매달린다. 히메네스는 '순수시 Poesía pura'를 선언하고 하나의 강령으로 만들어버린다. (예술에서 강령은 쉽게 괴물이 될 수 있다.) 순수시 선언은 "예술을 위한 예술"이라는 상징주의 강령을 극단으로 끌고 간 것이다. 언어를 통해 사물의 본질에 도달하고 아름다움 자체에 접근하려는 시학! 시간을 현재에 머물게 하려는 시학!

건조한 태양을 보며, 나는

내 깊은 곳에서 푸른 샘을 창조한다.

빛 없는 눈(雪)을 맞으며, 나는

내 가슴 속에 용광로를 창조한다.

연기 같은 사랑을 보며, 나는
내 영혼 속에 사랑의 불멸을 창조한다.

『완전한 계절 La estación total』, <제2의 제작자>

다음 시에서 시인은 "순수"라는 개념이 자신에게 어떻게 변화되었는지를 설명한다.

처음에 그녀는 순결의
옷을 입고 나타났고,
나는 아이처럼 그녀를 사랑했어.

그녀가 알 수 없는
옷으로 갈아입었을 때
나는 이유도 모른 채
그녀를 증오했어.

그녀가 호사스럽게
치장한 여왕이 되어 나타났을 때
내 분노는 너무 쓰고 허무했지.

그래도 나는 그녀에게 미소 지었고
그녀가 상실했던 순결의

도포를 다시 몸에 감았을 때
나를 다시 그녀를 믿기로 했어.

그녀는 마침내 도포를 벗고
벌거숭이로 나타났어.
오, 내 삶의 열정이여!
벌거숭이 시여, 영원하라!

첫째 연은 초기 시의 상태, 아직 어떤 미적 양식에도 물들지 않은 단순한 상태를 가리키고 있다. 한때 모데르니스모의 중독자였던 시인은 둘째 연과 셋째 연에서 그에 대한 혐오를 환기하고 있다. 넷째 연은 초기의 단순함으로 돌아갔음을, 마지막 연에서는 진정한 순수시의 세계를 발견했음을 암시하고 있다.

1936년 시민전쟁이 발발하자 시인은 두 번째로 신대륙으로 향했다. 푸에르토리코에서의 짧은 체류 기간 후 쿠바의 아바나에서 3년간 거주했고 그 후 마이애미, 메릴랜드, 워싱턴 D.C.의 여러 대학에서 강의하며 생계를 이었다. (메릴랜드 주립대학 칼리지파크 캠퍼스에는 히메네스 빌딩이 있고 로비에는 그의 동상이 있다.) 후안 히메네스는 인생에서 처음으로 직업을 가져야만했다.

18세기 서유럽에는 볼테르 같은 "일루스뜨라도(ilustrado)"

가 등장했다. 그들은 철학과 문학 그리고 과학을 주도했고 진보하는 세상을 진단하고 반영했으며 변화가 몰고 오는 새로운 가치의 주인공이자 변화가 동반하는 모순의 희생자이기도 했다. 지적 부르주아들은 대부분 직업에 대한 의식이 없었다. 그들은 부자일 수도 있고 적당히 부자일수도 있으며 때로는 궁핍한 생활을 벗어나지 못하기도 했다. 물론 그들도 일을 하고 돈을 벌기도 한다. 그러나 그 일을 평생하지는 않았다. 노동과 분리된 자신만의 세상이 존재하기 때문이다. 그들은 혼자 방에 틀어박혀 뭔가를 한다. 시나 소설을 쓰거나, 존재에 대해 성찰하거나, 아름다움에 대해 정의를 내리려고 애를 쓴다.

후안 라몬 히메네스와 동시대 지식인들은 직업에서 자유로운 서유럽 부르주아의 마지막 세대였다. 이들은 제2차 세계대전과 함께 사라졌다. 그 후에도 부르주아는 계속 살아남았지만, 이 명칭을 얻었던 원래의 모습으로 완벽하게 돌아간다. 이 책에서 다루는 안또니오 마차도와 98세대 작가들, 히메네스와 오르떼가 이 가세뜨, 27세대 작가들은 자신들도 모르는 사이에 지적 부르주아 전통의 마지막 시대를 살아가고 있었던 것이다.

(이 책에서는 다루지 않지만) 스페인 현대문학사의 몇 페이지는 망명 작가의 몫이 아닐 수 없다. 그만큼 많은 작가와 지식인들이 시민전쟁으로 인해 스페인을 떠나야했다. 프랑스에 체류한 예술가들은 1960년대에 조국으로 귀환하는 경우가 많았는데, 라틴아메리카를 망명지로 택한 작가들은 만년에 돌아오거

나 망명지에서 생을 마감하는 경우가 많았다. 특히 좌파 지식인에게 관대했던 멕시코로 스페인 예술가들이 몰려들었다. 역사학자 아메리꼬 까스뜨로, 영화감독 루이스 부뉴엘, 소설가 라몬 센데르, 27세대 시인들인 라파엘 알베르띠와 루이스 세르누다가 그들이다. 멕시코에서는 이들을 "편력의 스페인 La España Peregrina"[2] 이라고 불렀다. 망명 전과 망명 후 그들의 예술에는 어떤 변화가 일어났을까? 많은 망명 예술가들이 더 이상 예술적 성장을 이루지 못하고 쇠퇴해갔다. 바다 너머 그곳에 대한 그리움이 이들을 지배했다. 시집 『바다 저쪽에는 En otro costado』에서 후안 라몬 역시 망명 생활의 쓸쓸함을 드러낸다.

하얀 마을이 그곳에 있어.
불을 밝힌 채 나를 기다리며
모든 것이 멈추어 있는 마을이.

광장에 울려 퍼지던 수정 같은 외침,
정지된 날카로운 외침과
구름의 가장자리에 선 마지막 외침과
그리고 노란빛 외침을 들었어.

---

2 멕시코에서 스페인 망명 작가들이 발간한 문학잡지의 이름이기도 하다.

아이가 보았던 모든 것을
아이가 보기 원하는 모든 것을
아이가 보지 못했던 모든 것을 보았어.

아이는 모든 사람들
아이는 어린 시절의 나
아이는 늙은 시절의 나
잃었다가 다시 찾은 아이.

<마지막 아이> 부분

히메네스에게 조국에 대한 기억은 이제 회상의 형태로 재현되고 돌아갈 수 없는 순수의 실낙원으로 변한다. 대부분의 망명 작가들이 좌절을 경험한 데 반해, 히메네스는 망명 후 더 활발하게 활동한 드문 작가에 속한다.

『신혼 시인의 일기』에서 막연하게 포착했던 순수시의 언어와 신비하고 절대적인 신에 대한 탐색은 비로써 독특한 세계로 들어서게 된 것이다. 시집 『욕망 받고 욕망하는 신 dios deseado y deseante』(1949)에서 우리는 시어를 통해 사물을 다시 태어나게 하는, 역사성과 시간성이 지워진 언어를 발견한다. "언어 자체가 사물이 되게 하는 시"가 후안 라몬이 실천하려는 순수시의 마지막 단계가 되는 것이다. 이를 통해 시어는 문명과 일상으로 오염되었던 의미를 지우고 사물의 본질에 도달할 수 있어야한다. 모든 주변적이고 장식적인 자질을 제거하고 지시물의 본질에 도달할 수 있는 유일한 언어가 시어이며, 시의 기능은 언어를 초역사적이고 초시간적인 원래의 모습으로 회복하는데 있다는 것이다.

신이여, 제가 세상을 창조해 당신에게 바쳤고
당신은 그곳에 오셨습니다.
당신이 계신 세상이야 말로 저의 온전한 희망입니다.

저는 희망을 언어로,
말하는 이름과 쓰는 이름으로 쌓아왔습니다,
저는 그 모든 것에 이름을 부여했고
당신은 모든 이 명명의 세계를 소유하십니다.

불꽃이 푸른빛을 띠며 활활 타오르는
불덩이 속에서 정지하듯이
이제 저는 저의 동작을 멈출 수 있습니다,
저의 꺼지지 않을 상태와 존재의 불덩이 속에서.
이제 저는 제가 명명했던 바다
그 창백한 바다가 되었습니다.

당신을 위해 제가 창조했던 우주,

그 우주에 수놓았던 모든 이름들은
하나가 되어 당신이 되어가고 있습니다.

아무런 대가 없이
은총으로
창조되고 재창조된 신.
이름들로부터 얻어진 이름.

<이름들로부터 얻어진 이름>

순수시의 이 단계에 이르게 되면 시의 힘은 세계를 재현하는 데 있는 것이 아니라, 인간의 염원을 반영하고 불멸의 이미지를 창조하는 것에 있게 된다. 히메네스가 가장 신뢰했던 문학적 동지 안또니오 마차도는 "시는 시간 속의 말 La poesía es la palabra en el tiempo"이라고 정의했다. 마차도에게 시는 새로운 우주를 창조하거나 신성한 아우라를 발산하거나, 역사와 별개로 존재하는 것이 아니었다. 시어는 시간(역사적)에 따라 변화하며 시간의 일부가 된다. 반면 순수시의 강령 안에서 시어는 새로운 우주를 창조하기 위해 목숨을 건다. 시인은 소우주를 지배하는 작은 신이며, 시는 그런 창조적 능력을 가진 유일한 예술이다.

신이 인간을 창조하고 인간에게 부여한 첫 번째 역할은 사물에 이름을 부여하는 명명(命名) 작업이었다. 그러므로 사물에 정확한-그로인해 아름다운-이름을 지어주는 작업은 최초의 노동이자 예술이었다. 시는 어쩌면 그런 창조적이고 순수한 행위를 위해 태어났을 것이다. 단편소설 「타인 El otro」에서 호르헤 루이스 보르헤스는 "시는 실현될 가능성과 관계없이 욕망을 드러내는 문학적 장르"라고 했다. 시는 현실 저쪽에서 욕망을 드러내야한다. 욕망은 한동안 시가 좋아하는 세계가 아니었다. 이제 히메네스 시는 비현실적이며 관념적이고 때로는 철저한 욕망의 환상으로 나타난다. 그렇게 해서 히메네스의 순수시는 마지막으로 거룩하고 신비한 단계에까지 이르게 된다.

> 완전한 의식이여, 욕망의 신이시여,
> 당신은 온 세계를 내게 보여주십니다.
>
> 제3의 바다에서,
> 나는 당신의 목소리를 듣습니다.
> 그 목소리를 전한 바람의 움직임을,
> 색을, 영원하고 바다색 투명한 그 빛을,
>
> 바다의 온전함 속에서 흰 빛으로
> 타오르는 당신의 목소리를, 배(船)와 하늘을
> 섬세한 선을 그어가는
> 내 고요한 세계에 각인되는

금강석처럼 반짝이는

그 검은 육체를…

『내면의 동물 Animal de fondo』[3], <완전한 의식>

1952년부터 후안 라몬과 세노비아는 첫 망명지였던 푸에르토리코로 돌아가 노년을 보내게 된다. 1956년 스웨덴 한림원은 그에게 노벨문학상을 수여했다. 얼마 후 세노비아가 세상을 떠나고 후안 라몬도 건강이 악화되기 시작하면서, 1958년 5월 29일 푸에르토리코의 산후안에서 눈을 감는다.

(히메네스와 세노비아를 생각하면 스콧 피츠제럴드와 젤다 피츠제럴드를 떠올리게 된다. 타고난 작가를 남편으로 선택한, 작가가 되고 싶었지만 그럴 수 없었던 아내들. 젤다 역시 재능이 있었지만 그것을 현실로 완성시킬 수 없었고 열등감으로 인한 신경 쇠약에서 빠져 나오지 못했다. 세노비아는 어느 시점에서 스스로와 타협했던 것 같다.)

---

3 히메네스는 1947년 『내면의 동물』을 출판했다. 인간은 신의 모습을, 신성을 닮았지만 근본적으로 동물이며 내면의 동물이라는 것이다. 1949년의 시집 『욕망 받고 욕망하는 신』은 1947년의 『내면의 동물』에 수록된 시들과 새로운 시들을 함께 묶은 것이다. 여기에서 '욕망하는 신(dios deseante)'은 신비한 존재로서의 신을, '욕망 받는 신(dios deseado)'은 내부에 그 신비를 품고 있는 존재로서의 인간을 가리킨다.

03

페데리꼬 가르시아 로르까

안달루시아 시인

내 노래는 모두 미혹의 한 점에서 온다. 내 노래는 사월의 가면을 쓴 가을의 언어다.

페데리꼬 가르시아 로르까

안달루시아. 노을이 질 때 알함브라의 성벽은 황금으로 번쩍인다. 그라나다 사크라몬떼의 동굴에는 집시들이 모여 슬프고 음란한 플라멩꼬를 춘다. 광기와 비극의 플라멩꼬. 무슬림의 역사와 생명은 아직 꺼지지 않았고, 집시들은 흰 움막에 숨어 지나가는 외부인을 훔쳐보며 잠이 든다. 이곳에서 달은 유난히 파랗게 빛나고 기타 선율이 날카로운 칼이 되어 죽음을 불러낸다. 피와 죽음의 과장된 세계! 로르까는 안달루시아를 둘러싸고 있는 원시적 감각에서 상징주의자들이 그토록 갈망하던 시의 불협화음과 비규범성의 소재를 발견한다. 현대적 은유와 원시적 감각이라는 두 갈래는 한 곳에서 만나 수수께끼와 모호함을 향해 나아간다.

로르까에게 스페인은 안달루시아였고, 안달루시아는 집시의 세계였다. 안달루시아 전통음악이자 집시들의 영혼이 담긴 깐떼혼도는 로르까에게는 예술적 영감의 원천이었다. 또한 그의 동성애적 감각은 한쪽으로는 소외된 인물에 대한 애정으로 다른 쪽으로는 사랑에 대한 비극적 비전으로 발전했다. 그렇게 전통에 뿌리를 둔, 자전적인 문학적 재료들이 모더니즘의 언어와 만나면서 로르까의 언어는 신화적인 매력을 얻게 되었다.

*

로르까는 38살에 갑작스럽게 세상을 떠났지만 이른 나이에 작가가 된 덕분에 20년 가까운 창작 기간을 보낼 수 있었다. 시적 산문집 『풍경과 인상』(1918)은 시에라모레나 남쪽에 살던 젊은이가 그 북쪽을 여행하고, 문화적 충격의 결과물을 담은 그의 첫 작품이다. 그 후 발표한 작품들, 시집과 희곡은 매번 강력한 소음을 일으켰다. 로르까는 몇 개의 단어를 낯설게 조립하는데 상당한 재능을 발휘했다. 20세기의 어떤 시인도 그렇게 요란한 언어 스캔들을 일으키지는 못했다. 몇 가지 예를 들어보자.

"입씨름의 투우"

"열세 척 배의 꿈"

"검은 천사들이 스카프와 눈(雪)의 물을 가지고 왔다."

"머리카락과 이름들의 통과할 수 없는 순간"

신에게서 특별한 재능을 받은 작가들은 이른 나이에 병이 들거나, 사고를 당하거나, 때가 돼도 죽음이 찾아오지 않으면 자살을 한다. “유일한 철학적 주제는 자살뿐이다.”라고 했던 까뮈는 44살에 자동차 사고로 죽었다. 안톤 체호프와 그의 실질적인 수제자인 레이먼드 카버는 각각 44살과 50살에 병으로 죽었다. 헤밍웨이는 정신 병원을 두 번이나 들락거린 끝에 머리에 총을 쐈고, 가와바타 야스나리는 가스를 들이마시는 방법을 택했다. 실비아 플라스는 서른 살에 가스로 자살을 했다. (그녀는 여기서 표현하기 어려운 더 자극적인 방법을 택했다.) 로르까의 죽음은 연민과 분노 그리고 미스터리가 뒤섞인 것이 되었다. 1928년에 출판된 『집시 로만세』에는 죽음의 전조가 깔려있다. 상식적인 나이로 보면 그는 한 인간으로서, 한 작가로서 절정기에 갑작스런 죽음을 맡는다. 그렇지 않았더라면 우리는 『집시 로만세』와 『베르나르다 알바의 집』를 능가하는 작품을 경험했을지 모른다. (분명히 그랬을 것이다.) 그렇지만 설정된 시간의 범위 안에서 로르까를 바라볼 수 있다면, (돌이켜보면, 누군가 태어나는 순간 신은 죽음의 숫자를 몸에 새겨준다.) 『집시 로만세』는 예정된 걸작이라고 할 수 있다.

대부분 우수에 잠긴 로르까의 사진들은 오스카 와일드를 떠올리게 한다. 외형적으로 닮은 데가 거의 없는데도 말이다. 두 작가 모두 커밍아웃이 사회적으로 불가능한 시대를 살았고, 그런 상황이 삶 전체를 지배할 만큼 고통이 컸다. (그 상황이 로르까와 와일드를 예술이라는 울타리에 스스로를 가두어두게 했다.)

*

페데리꼬 가르시아 로르까(Federico García Lorca)는 1898년 그라나다 지방의 푸엔떼바께로스(Fuente Vaqueros)에서 대지주인 아버지와 교사인 어머니 사이에서 태어났다. 부유하고 예술적인 분위기가 집안을 흘러 다녔는데, 이모 이사벨과 유모 돌로레스는 성장기의 로르까를 예술의 세계로 끌어들인 장본인들이다. 이사벨은 피아노와 기타를 가르쳐주었고 돌로레스는 집시에 얽힌 신화적 이야기를 들려주거나 인형극을 함께 하곤 했다. 스케치를 좋아했던 로르까는 모든 시집에 펜이나 연필로 그려낸 스케치를 함께 넣었고, 1927년에는 바르셀로나에서 스케치 전시회를 열기도 했다. 기타와 피아노 그리고 스케치. 페데리꼬는 그렇게 그라나다의 라베가 평원에서 안달루시아의 예술적 매혹 속에 성장했다. 그곳의 건조하면서도 풍요한 토양은 신비한 나무들과 풀, 벌레, 꽃과 동물들로 가득 찬 경이로운 세계였다. 1918년 로르까는 그라나다 대학 동료들과 까스띠야 지방으로 수학여행을 떠나게 되는 데, 이 여행에서 안달루시아와는 여러 면에서 다른 도시들을 경험하게 된다. 안달루시아는 지역적으로 북아프리카와 흡사한 곳이고 무어인들, 유대인들, 집시들과 기독교인들이 공존하는 혼종적인 도시인 반면, 까스띠야 지역은 기독교인들의 정통한 역사가 살아있고, 신비주의 문학이 태어날 만한 경건한 분위기에 싸인 곳이다.

1918년 로르까는 그라나다를 떠나 마드리드로 가게 되는데, 그 후 10년 동안 <레시덴시아 데 에스뚜디안떼스>에서 생활하게 된다. 1920년대 스페인은 예술적 매혹이 넘쳐났던 시기였으며, 수많은 천재들이 동시대의 공기를 함께 호흡했다. 이들 중 상당수가 <레시덴시아>를 거쳐 갔다는 사실은 쉽게 설명될 수 없는 사건이다. 시에는 후안 라몬 하메네스, 헤라르도 디에고, 호르헤 기옌, 뻬드로 살리나스, 다마소 알론소, 라파엘 알베르띠가 있었고, 회화에는 살바도르 달리가 영화에는 루이스 부뉴엘이 있었다. 로르까는 한때 히메네스의 시를 추종했고, 살바도르 달리와 루이스 부뉴엘과 함께 우정을 나누며 예술적인 비전을 교감했다. 이곳을 터전으로 모더니즘을 흡입하며 시를 쓰고 연극을 무대에 올리며 1928년까지 머물렀다.

로르까, 부뉴엘, 달리의 관계는 우정과 동성애, 예술적 질투가 섞인 복잡한 것이었다. 부뉴엘은 동성애자인 로르까를 경멸했고 시간이 갈수록 증오로 바뀌어 갔다. 달리는 동성애는 아니었지만 로르까를 어느 정도 이해하고 받아들였던 것 같다. 세 남자의 관계는 1927년 무렵부터 갈라지기 시작했고, 부뉴엘과 달리는 파리에서 <안달루시아의 개>를 함께 제작했다. 부뉴엘이 연출하고 달리가 비주얼을 담당한 <안달루시아의 개>는 지금까지 수많은 스캔들을 일으킨 전설적인 초현실주의 단편무성영화가 되었다. (영화 내용과 아무런 연관이 없는 제목은 로르까를 겨냥해서 부뉴엘이 제안한 것이 분명해 보인다.)

1919년부터 1924년 사이에 로르까는 시 작업에 몰두했고, 그 결과로 세 권의 시집을 출판하게 된다. 1921년에는 『시집 Libro de poemas』으로 공식적인 시인이 되었다. 『시집』은 젊은 작가에게 흔히 나타나는, 독서와 우상의 흔적이 드러나는 작품일 뿐 아니라 로르까가 평생 유지하는 '어린아이의 시선'을 읽을 수 있는 작품이다.

잠에 빠진 달
하얀 거북이
너는 얼마나
천천히 걸어가는지!

그림자 진 눈동자를
껌뻑이며 너는
고고학자 같은
눈동자로 바라보지.

<달을 위한 노래> 부분

『시집』을 출간한 후, 로르까의 관심은 깐떼혼도(Cante Jondo)로 모아진다. 깐떼혼도를 정의하기는 불가능한데, 집시

정서에 근거를 둔 안달루시아 민요 정도로 요약할 수 있을 것이다. 플라멩꼬의 가사일 수도 있고 독립된 소리일 수도 있다. (판소리를 노래라고 하지 않는 것처럼) 소리에 가까운 깐떼는 그 내부에 빨로(palo)라는 수많은 하부장르를 끌어안고 있다. 대표적인 빨로에는 슬픈 정서의 솔레아와 시기리야, 경쾌한 불레리아와 알레그리아가 있다. 어떤 의미에서든 플라멩꼬는 로르까에게는 커다란 우물 같은 것이었다. 그는 플라멩꼬적인 마을에서 성장했고 마누엘 데 파야(Manuel de Falla)라는 이 분야의 대가를 친구로 두었다. 두 사람은 플라멩꼬를 사이에 대화를 나누고 시를 쓰고 음악을 작곡했다. (1920년대 초 두 사람이 만나 우정을 나누기 시작할 때 마누엘 데 파야는 50세에 가까웠고 그라나다와 파리를 들락거리며 자신의 음악세계를 구축한 상태였다. <요술에 걸린 사랑 El amor brujo>은 널리 알려진 파야의 발레곡이다.) 브라운(G.G. Brown)의 표현처럼, 로르까는 안달루시아 부족의 이국적인 (비유럽적인) 신화와 풍습에 몸을 던졌던 것이다.

20대의 초반의 젊은 시인이 전통적인 장르에 집착했던 것, 지역성을 뿌리치지 못한 것은 1920년대 예술적 상황을 생각해 볼 때 위험할 뿐 아니라 평범함이란 강물에 몸을 던진 것에 비유할 수 있다. 바로 여기에서 미래의 로르까의 흡인력, 스페인과 유럽 그리고 세계의 영역에서 보편적이면서도 독특한 감각이 탄생한다. 그는 깐떼혼도 혹은 전통적인 로만세의 형식을 가져다가 그것을 상징주의적이거나 초현실주의적인 언어로 재구성하는데 탁월했다. 전통과 새로움은 그의 손에서 마술적이고 신비한 울림을 만들어낸다. 비밀은 바로 두 영토가 만나는 매듭을 즉흥적이고 영감에 사로잡힌 예술로 위장한다는 데에 있다. (어떤 예술가도 우리가 흔히 생각하는 것처럼 즉흥적인 능력을 가지고 있지는 않다.)

로르까는 『깐떼혼도의 시 Poema del Cante Jondo』를 <솔레아의 시>, <시기리야의 시> 처럼 빨로의 이름을 딴 소제목들로 구성한다. (시집은 1931년에 출판되었지만, 대부분 1920년대 초반에 쓴 시들이다.)

<솔레아의 시> 중 "건조한 땅"을 읽어본다.

건조한 땅,
거대한 밤들의
고요한 땅.
(올리브 숲의 바람,
산맥의 바람.)

등불과
슬픔의
늙은 땅.
깊은 우물들의 땅.

죽음의 땅.
두 눈을 가린
화살 같은 죽음.

깐떼혼도에서 우리는 삶과 죽음에 대한 안달루시아의 열정, 죽은 연인들과 방황하는 영혼으로 가득 찬 비극의 안달루시아를 만나게 된다.

『깐시오네스 Canciones』(1927)는 로르까의 시집 중 가장 경쾌하고 단순한 리듬으로 구성된 시집이다. 로르까는 어린 아이의 눈으로 세상을 보며 유아적인 충동으로 좌절과 상실감, 성적 욕망으로 구성된 어른의 세계와 맞선다. 우리는 프로이트적인 유혹과 상처로 얼룩진, 수수께끼 우주의 언저리를 맴도는 언어를 만난다.

아베하루꼬.[4]
너의 어두운 나무들 위에서
말을 더듬는 하늘과
말을 더듬는 바람의 밤.

세 명의 술 취한 남자들이

---

4 Abejaruco: 밤벌새

포도주와 상복의 표정을 영원하게 한다.
납빛 별들은 다리 하나를
축으로 돈다.
아베하루꼬.

너의 어두운 나무들 위에서
순간순간의 천일홍으로
찌근거리는 관자놀이의 고통.

그리고 너의 침묵은? 세 명의
술 취한 남자들이 벌거숭이로 노래한다.
너의 노래는 아직 손대지 않은
비단의 박음질.
아베하루꼬
우꼬 우꼬 우꼬 우꼬
아베하루꼬.

<불안과 밤>

*

그러나 로르까를 우리가 현재 알고 있는 로르까로 인식시킨 작품은 『집시 로만세 Romancero Gitano』(1928)이다. 시인은 소외받는 집시라는 현실을 신화적인 이야기로 변형시킨 다음, 그것에 꿈의 언어로서의 초현실주의를 덧입힌다. 모두 18편의 시로 구성된 『집시 로만세』에서 로르까는 로만세에 집시적 정서, 구술로 전해지는 이야기, 신화적인 이미지 등을 담아낸다. 스페인 문학에서 가장 민중적인 시 형식은 또한 초현실주의적인 은유와 만나서 시적인 밀도를 극적으로 끌고 간다. 집시들은 초월적인 어떤 힘에 의해 끌려 다니는 존재로 묘사되거나 인종적으로 사회적으로 소외된 존재로 그려지기도 한다. 민병대가 집시를 추적하고 박해한다. 달과 바람, 별들이 모여 시적인 무대를 이루고, 매혹적인 나무와 풀, 꽃, 물고기와 새들이 무대에 등장해서 불온한 기운을 내뿜는다. 올리브와 무화과나무, 무어인의 사프란, 석류와 히아신스와 수선화, 목련과 접시꽃, 달팽이와 소라고둥, 밤의 주인인 나방과 수리부엉이. 에로티시즘을 동반한 시구들, 성적인 에너지가 넘치는 말(馬)과 기수, 모루 안에 갇혀 울고 있는 집시들. 독자는 세비야, 꼬르도바, 그라나다, 알바세떼, 알메리아 같은 안달루시아의 도시들과 그곳을 방랑하는 집시들의 운명을 듣는다.

“Verde que te quiero verde”로 시작되는 <몽유의 로만세>를 읽어본다. (첫 부분에 원문을 적어둔다.)

초록빛 너를 사랑한다 초록빛.

초록빛 바람, 초록빛 나뭇가지들.
바다 위에 배가 있고
산에는 말이 있다.
(Verde que te quiero verde.
Verde viento. Verdes ramas.
El barco sobre el mar
y el caballo en la montaña.)

허리에 그림자 드리우고
그녀는 벼랑에서 잠들었다.
차가운 은빛 눈을 뜬 채로.
초록빛 육체, 초록빛 머리칼.
(Con la sombra en la cintura
ella sueña en su baranda,
verde carne, pelo verde,
con ojos de fría plata.)

초록빛 너를 사랑한다 초록빛
집시 달님 밑에서
사물들이 달님을 바라보고
달은 사물들을 보지 못한다.
(Verde que te quero verde.

Bajo la luna gitana,
las cosas le están mirando
y ella no puede mirarlas.)

초록빛 너를 사랑한다 초록빛
커다란 서리 별들이
새벽의 길을 열어가는
그림자 물고기와 함께 다가온다.
(Verde que te quiero verde.
Grandes estrellas de escarcha
vienen con el pez de sombra
que abre el camino del alba.)

무화과나무는 뾰족한 가지
끝으로 바람을 긁어대고
도둑고양이 산이 자신의
무서운 용설란을 곧추세운다.

그런데 누가 온다는 거지? 어디로?
그녀는 자신의 벼랑에 남아있다.
초록빛 육체, 초록빛 머릿결
씁쓸한 바다에서 꿈꾸며(…)

대부님, 저의 말과
당신의 집을, 저의 안장과
당신의 거울을, 저의 칼과
당신의 모포를 바꾸고 싶어요.

대부님, 저는 피를 흘리며
카브라 항구에서 왔답니다.
아이야, 내가 할 수만 있다면,
관계가 끝났으면 한다.

이제 나는 내가 아니고
내 집도 내 집이 아니란다.
대부님, 저는 죽고 싶어요.
할 수만 있다면 네덜란드

시트를 두르고 침대 위에서
우아하게 죽고 싶어요.
가슴에서 목까지
이어진 상처가 보이지 않나요?

네 흰 가슴 받이에는
300송이 검은 장미

네 가터벨트에서는
피가 흘러 냄새를 피우고.

그러나 나는 이제 내가 아니고
내 집도 내 집이 아니란다.
저 높은 벼랑까지
갈 수 있게 나를 놓아줘!

저 초록빛 벼랑까지
올라갈 수 있게 나를 놓아줘! 놓아줘!
달의 난간들로
물이 굉음을 내며 흐른다.

저 높은 벼랑을 향해
벌써 두 명의 대부들이 올라간다.
피의 형체를 남기면서
눈물의 형체를 남기면서

양철 호롱불들이
천정에서 흔들거린다.
천 개의 수정 북들이
새벽에 상처를 낸다.

초록빛 너를 사랑한다 초록빛.
초록빛 바람. 초록빛 나뭇가지들.
두 명의 대부들이 올라간다.
긴 바람이 쓸개와 민트와

알바아카의 이상한
맛을 입 속에 남겼다.
대부님! 어디에 계시나요?
당신의 슬픈 소녀는 어디에 있나요?

얼마나 당신을 기다렸는지!
얼마나 당신을 기다렸을지!
저 초록빛 벼랑에
상쾌한 얼굴, 검은 머릿결!

수조의 얼굴 위에서
집시 소녀가 흔들리고 있었다.
은빛 차가움의 눈을 가진
초록빛 육체, 초록빛 머릿결.

달의 고드름이
물 위에 그녀를 받쳐 들고

밤은 작은 광장처럼
친밀해져가고 있었다.

술 취한 민병대들이
문을 두드리고 있었다.
초록빛 너를 사랑한다 초록빛.
초록빛 바람. 초록빛 나뭇가지들.

바다 위에 배가 있고
산에는 말이 있다.

시가 꿈이라면, 다시 말해 실제의 변형이라면 시적 경험은 현실의 흔적을 가지고 잠자리에 드는 것과 같다. 꿈은 나와 현실 사이의 관계를 변형하고 왜곡한다. 꿈에서는 침대와 나무와 피아노와 죽은 당나귀 시체와 팜므파탈의 절단된 얼굴이 동시에 등장한다. 이 오브제들이 한 캔버스에 들어오면 초현실주의의 한 장면이 된다. 그 기묘한 구성과 관계의 끈이 우리의 무의식을 반영한 것이다.

<몽유의 로만세>는 어디선가 날아 와서 어둠을 날카롭게 비추는 "초록색"과 함께 시작된다. 무대가 있고 바다 위에 배와 산 위에 말이 배경으로 그려져 있다. 산의 벼랑, 그 위에 그녀가 허리에 그림자를 드리우고 잠들어있다. 그녀는 벗고 있는

걸까? 초록빛 육체. 초록빛 머릿결. 다만 두 눈은 차가운 은빛이다. 벼랑의 그녀. 집시 달. 집시가 된 그녀. 그녀는 달이 되어 빛을 모든 사물에 빛을 내고 있다. 모든 사물은 그녀를 쳐다보지만 그녀는 아무 것도 보지 못한다. (잠든 그녀의 두 눈이 차가운 은빛이라면, 그녀는 눈을 뜬 채 자고 있는 것일까?) 그때 "서리 별"이 새벽길을 연다. 그녀는 여전히 벼랑에서 꿈에 빠져있고. 저 밑에서 두 남자가 대화를 시작한다. 소년과 그의 대부. 그들은 무대에 선 배우가 되어 모호한 대사를 나눈다.

두 남자는 수수께끼 같은 대화를 나눈다. 소년은 대부에게 교환을 요구한다. 아, 그것이 메타포인가? A와 B를 교환하는 것? 실제와 꿈을?

(나의 말, mi caballo) = (당신의 집, su casa)

(나의 안장, mi montura) = (당신의 거울, su espejo)

(나의 칼, mi cuchillo) = (당신의 모포, su manta)

독자는 의미를 알 수 없는 모호한 단어의 조합을 경험한다. 의미를 포착할 수 없기 때문에 이미지는 더 강력하게 빛을 낸다. 또한 독자는 어떤 음악을 느낀다. 기타 소리가 들린다. 말더듬처럼 시작되는 첫 행부터, 깐떼혼도의 거친 호흡을 느낀다. 주기적으로 반복되는 "verde que te quiero verde"는 의미에서 점차 소리로 변해간다. 'verde'라는 빛과 소리가 시를 지배한다.

<부정한 유부녀>를 읽어본다.

아가씨라 생각해서
그녀를 강으로 데려갔는데
그녀는 남편이 있었어.

산띠아고의 밤이었지
거의 약속이나 한 듯이
초롱불들이 꺼지고
반딧불들이 켜지는 순간이었지.

몇 개의 후미진 곳에서
그녀의 가슴을 건드렸고
그녀의 몸이 빠르게 열렸지
등심초 줄기처럼 말이야.

풀 먹은 페티코트의 스침이
귓전에 울렸는데
열 개의 단검으로
비단을 긁어대는 것 같았지.

나무들은 무성한 줄기 끝에
은빛이 없어도 잘 자랐고
강의 저쪽에서 개들의
지평선이 짖어대고 있었어.

히아신스와 가시나무가 피어있고
찔레나무 열매들이 떨어지고
관목을 이룬 그녀의 머리 아래서
나는 진흙에 구멍을 냈어.

나는 넥타이를 벗었고
그녀는 웃옷을 벗었지.
나는 리볼보가 매달린 허리띠를 풀고
그녀는 꼬르삐뇨[5]를 풀었지.

수선화도 소라고둥도
그렇게 부드러운 피부를 가질 수는 없어
달빛에 반짝이는 수정도
그녀의 피부만큼 반짝이지는 않았지.

---

5 꼬르삐뇨(corpiño): 여자들의 가슴을 싸매는 천.

그녀의 넓적다리는 놀란 물고기처럼
내 몸에서 미끄러져 달아났는데,
반은 번쩍거림으로 가득 찼고
반은 떨림으로 가득 찼었지.

그날 밤 나는
가장 좋은 길을 골라
고삐도 안장도 없이
자개 박힌 망아지를 타고 달려야했어.

한 남자로서 그녀가 말한 것을
여기에 전할 생각은 없어.
지혜의 빛이
나를 조심하도록 만들었지.

키스와 모래로 범벅이 된 그녀를
강으로부터 데리고 왔어.
창포의 꽃잎들이
바람에 흔들거렸지.

나는 원래의 나로 행동했어.
당당한 집시 남자로 말이야.

그녀에게 건조한 융단으로 만든
커다란 바느질 바구니를 선물했지.

나는 사랑에 빠지지 않으려고 했는데
왜냐하면 그녀는 남편이 있는데도
강으로 그녀를 데리고 갈 때
아가씨라고 했으니까.

*

1929~1931년의 시기에 로르까는 인생의 후반부를 결정짓는 변화를 겪는다. 뉴욕에서 몇 달을 보내며 새로운 현대도시의 날카로움을 경험한 것이다. 유럽에서는 표현될 수 없는 신세계의 도시적 분위기는 로르까의 내면에 초현실주의에 대해 더욱 강한 욕구를 불어넣었다. 시집 『뉴욕의 시인 Poeta en Nueva York』과 희곡 『관객 El público』은 거의 같은 시기에 뉴욕과 쿠바에서 초현실주의라는 악령에 사로잡혀 써내려간 것이다.

1931년부터 스페인 공화정부의 지원으로 로르까는 <라바라까>라는 극단을 창설하고 연극을 쉽게 볼 수 없는 민중들을 위해 순회공연을 다니게 된다. 그는 자신의 작품과 로뻬 데 베가, 띠르소 데 몰리나, 깔데론 델 라바르까 같은 스페인 고전희

곡 작가들의 작품을 공연했다. 이 시기부터 극작가의 힘이 시인의 힘을 능가하기 시작했던 것 같다. 안달루시아를 배경으로 구성된, 3대 전원 비극으로 알려진 『피의 결혼식 Bodas de sangre』, 『예르마 Yerma』, 『베르나르다 알바의 집 La casa de Bernarda Alba』은 이때부터 1936년 처형되기 전까지 집필된 것이다.

1936년으로 들어오면서 스페인에는 파시즘의 유령이 떠돌기 시작했다. 마드리드에도 파시스트들이 활동하기 시작했고, (아마도) 로르까는 동성애자, 집시 옹호자로써 위험한 상황에 처했다. 그는 그라나다에 있는 산 비센떼 농장-로르까 집안의 여름별장-으로 내려갔다. 공화파의 인민전선과 우파의 국민전선은 충돌했고 1936년 7월 17일 스페인은 시민전쟁에 돌입했다. 로르까는 시인이자 고향친구인 루이스 로살레스의 집에 피신했다가 그라나다 국민전선 사령관에 의해 체포되었다. 1936년 8월 20일 새벽, 청색 하늘 밑에서 로르까는 임시감옥에서 끌려나와 비스나르와 알파까르 사이에 있는 벼랑에서 재판도 없이 처형당했다.

04

미겔 에르난데스와 블라스 데 오떼로

시와 전쟁

현실의 형태로부터 자유로운 문학이 있을까? 가능하지 않을 것이다. 그러면서도 예술적 본능으로 삶과 문학의 분리를 시도한 작가들은 늘 존재한다. 그 반대쪽에는 극단적인 현실이 자신의 문학을 지배했던 작가들도 존재한다.

1931년 쁘리모 데 리베라 장군은 7년간의 군사 통치를 마감한다. 초기에는 사회적 안정과 산업적 발전을 이루는 듯 했지만, 알폰소 13세가 손을 들고 말았듯이 그도 한계에 도달하고 말았다. 살라망까 대학총장인 미겔 데 우나무노를 가택 연금에 처하기도 했지만 리베라 군사정부는 아방가르드 예술가과 자유주의자들에게 대체로 관대했다. 총선거가 진행되고 스페인 역사에 제2공화정이 등장했다. 좌익정부의 개혁은 혁신적이었지만 그런 의지를 실천으로 바꾸기에는 내부의 이질성이 너무 컸다. 무정부주의자들, 공산주의자들, 사회주의자들, 마르크스주의자들, 스탈린주의자들 등등. 사회는 더욱 혼란에 빠졌고 국가적 단합을 원하는 사람들은 점점 파시스트로 변해가고 있었다. 1933년에 이르면 파시즘은 실질적인 형태로 떠오르며 거부할 없는 힘으로 작용하기 시작했다. 가르시아 로르까가 동성애자라는 이유로 길거리에서 살해 위협을 받는 시기가 다가오고 있는 것이다.

산양치기 소년이었던 미겔 에르난데스는 1931년 오리우엘라에서 기차를 타고 마드리드에 도착한다. 그는 몇 편의 시를 들고 출판사를 기웃거렸지만 아무도 그를 주목하지 않았다. 그가 들고 있던 시는 27세대 선배시인들을 모방한, 공고라 시를 모델로 하는 난해하고 은유적인 시였다. 몇 년 후 에르난데스는 시민전쟁에 뛰어들었고 『민중의 바람』을 쓴다. 오르떼가 이 가세뜨 식으로 표현하면 에르난데스는 "탈인간화된 시"에 빠져 있다가 전쟁을 치르며 "인간화된 시"로, 그것도 프로파간다 시로 전환한 것이다.

가톨릭 신부가 될 뻔했던 블라스 데 오떼로의 문학적 우상은 산후안 델라 끄루스였다. 주일마다 미사를 드리는 '실천적 가톨릭 신자'로서 오떼로는 시가 신앙의 친구라고 믿었다. 데뷔작 <영적 시편 Cántico Espiritual>은 산후안의 시집에서 제목을 빌려와 일종의 신앙고백을 담아낸 시다. 얼마 후 그는 신에게 절망을 호소하는 시인으로, 까뮈처럼 신의 침묵을 풍자하는 시인이 된다.

미겔 에르난데스: 목동과 현대시

오리우엘라(Orihuela)는 오리우엘라 산맥과 세구라 강 사이에 끼어있는 전형적인 알리깐떼 지방의 시골마을이다. 대부분의 주민들이 목축으로 생활하던 곳으로 지금도 크게 달라지지 않았다. 아버지는 목축 거래업자였고 미겔 에르난데스(Miguel Hernández)는 이곳에서 산양을 치는 목동이었다. 초원위에 몇 개의 구릉이 겹겹이 쌓여있고 밀밭과 목초지가 산맥과 산맥 사이에 걸쳐있으며, 오솔길이 지평선을 향해 번갈아 펼쳐지는 곳이다. 소년 목동은 오리우엘라 산맥을 따라 산양들을 데리고 풀을 먹이며, 숲 한 가운데서 마술에 사로잡힌 태양과 달을 바라보며, 비가 내리는 목초지와 그 사이를 가로지르는 사슴과 산토끼, 들꽃과 잡초들과 대화하며 성장했다. 플랜더스의 개 파트라슈의 어린 주인 넬로처럼 산양의 젖을 짜서 이웃들에게 배달하는 것이 소년의 중요한 일이었다. 미겔은 산따마리아 예수회 학교에서 교육을 받으며 성장했는데 그런 시절에도 학교 수업을 마치기 무섭게 목초지로 달려와 산양을 돌봐야 했다. 15살에 접어들며 미겔은 학업을 포기하고 산양치기로 완벽하게 돌아간다. 전에는 인식하지 못했던 단조로운 생활이 사춘기의 미겔을 괴롭혔고 그를 구해준 것은 책이었다. 오후가 되면 페놀 형제가 운영하는 제빵소 헛간에서 문학을 좋아하는 친구들과 어울렸다. 이 문학모임은 라몬 시헤(Ramón Sijé)가 이끌었는데, 라몬에게는 페놀 형제의 여동생 호세피나 페놀을 자주 보기 위해 모임이 더욱 절실했다. 무르시아 대학에서 법학을 공부하던 라몬 시헤는 고전작품을 함께 읽으며 미겔과 친구들의 문학적 호기심을 자극시켰다. 다른 문학 친구는 오리우엘라 성당의 사제였던 돈 루이스 알라르차 신부였다. 스페인에서 한 젊은이가 문학에 뛰어들려고 할 때 거쳐야하는 작가들을 미겔 역시 이 시절에 경험한다. 예를 들면, 산후안 델라 끄루스, 세르반테스, 로뻬 데 베가, 띠르소 데 몰리나, 깔데론 델라 바르까, 가르실라소, 공고라, 께베도 같은 황금세기 작가들. 그중에서도 공고라는 에르난데스를 시의 세계로 이끌었다. 책과 시 그리고 가톨릭 신앙은 미겔 에르난데스의 삶을 조금은 더 그럴듯하게 만든 세 가지였다. 나중에 인민전선의 군인이 되어 한 순간 교회에 대해 적대감을 가졌다고 해서 누가 그를 탓할 수 있겠는가?

미겔은 오리우엘라의 지방신문에 몇 편의 시를 게재하기 시작한다. 1931년 양치기 청년은 처음으로 기차와 버스를 갈아 타고 스페인의 수도에 도착한다. 그는 몇 편의 시를 들고 유명한 문학잡지의 문을 두드렸지만 큰 반응은 없었다. 유명 잡지에서 촌뜨기 시인의 마드리드 방문을 화제로 삼기는 했지만 문학적 가십으로 끝나고 말았다. 시를 게재할 수는 없었지만 마드리드 여행은 충분한 자극이 되었다.

고향으로 돌아온 미겔은 오리우엘라 카지노에서 자신의 첫 시들을 낭송하면서 유명해지기 시작한다. 『배나무와 달 Perito en lunas』(1933)은 에르난데스의 첫 시집이다. <투우>, <수탉>, <이발사>, <집시 여자들> 등으로 이루어진 이 시집은 시각적 은유와 인상주의적인 언어로 구성된 시집이다. 또한 이 무렵 호세피나 만레사(Josefina Manresa)를 만나 사랑에 빠진다.[6] 1934년, 미겔은 마드리드에서 일자리를 얻게 된다. 출판사 편집자이지 고향 친구인 마리아 데 꼬시오의 제안으로 투우 역사를 집필하는 일을 맡게 된 것이다. 이미 투우에 관한 몇 편의 시를 쓴 미겔로서는 재미있는 작업이었을 것이다. 그러나 시간이 지날수록 대도시의 고독이 그를 서서히 무너뜨리고, 시와 호세피나를 향한 편지 쓰기가 유일한 피난처가 된다. 시민전쟁 직전에 출판된 『중단 없는 광선 El rayo que no cesa』은 이 무

---

6 호세피나 만레사는 스페인 시민전쟁 이후 전쟁과부, 특히 프랑코 세력에 대항하다 죽은 좌파의 비극을 상징하는 과부가 되었다. 그녀의 삶은 여러 연극과 소설로 재현되었다. 고향인 알리깐떼 지방의 마을 께사다는 최근 미겔 에르난데스-호세피나 만레사 박물관을 세웠다.

렵에 쓴 것이다. 그중 <육식용 나이프>는 이 시집의 정서, 시인이 겪고 있는 젊은 사랑의 고통과 달콤함 그리고 그동안 다져온 언어 기술을 잘 보여주는 작품이다. 도시에서 홀로 불편한 삶을 이어가던 그에게 그리움은 고기를 썰 때의 칼의 모양처럼 위안이며 고통이 된다.

살기 띤 달콤한
육식용 나이프가
비행과 번득임으로
내 삶을 에워싼다.

번쩍이며 떨어지는
곤두선 금속의 섬광이
내 옆구리를 쪼아대고
그곳에 슬픈 둥지를 튼다.

<육식용 나이프> 부분

한편, 미겔은 유명한 시인들과 친분을 갖게 되는데, 그 중에는 미래의 노벨상 수상자 비센떼 알레익산드레와 빠블로 네루다도 있었다. 동시에 독실한 가톨릭 신자인 라몬 시헤가 이끄는 문학잡지에서 활발한 활동을 벌였다. 네루다는 미겔에게 이런 편지를 쓴다. "사랑하는 미겔, 이런 말을 하게 돼서 미안

하지만 『엘가요 끄리시스』[7]라는 그 잡지는 지나치게 성당의 분위기가 나네. 향에 질식할 지경이야." 라몬 시헤가 미겔을 고전적이고 종교적인 시로 인도했다면, 네루다와 알레익산드레 그리고 라파엘 알베르띠는 저항적이고 사회적인 시를 향한 길을 보여주었다.

빠블로 네루다는 초기에는 감성적인 『스무 편의 사랑의 시와 한 편의 절망의 노래』를, 다음에는 초현실주의적인 『지상의 거주』를 썼지만 1930년대 들어서며 인간을 향한 시, 혁명과 민중의 시를 썼다. 네루다는 동시대 젊은 스페인 시인들에게-40년 전 니카라과의 루벤 다리오가 그랬던 것처럼-강한 문학적 충격을 주었다. 네루다가 "비순수시 Poesía impura"와 "거대한 다수를 향하여 A la inmensa mayoría"를 선언한 사건은 히메네스의 "순수시"를 의식한 것이다. 히메네스는 순수시를 선언하며 시의 방향을 "거대한 소수에게 A la inmensa minoría"로 정했다. 그렇다고 네루다가 히메네스를 공격한 것은 아니다. 네루다는 시인으로서 히메네스를 존경했고, 네루다의 초기 시는 히메네스 그늘 속에 있었다고도 할 수 있다. (왜 아니겠나? 비순수시라는 아이디어는 순수시가 없었으면 나올 수 없는 것이다.)

또한 27세대의 일원이자 언어의 연금술사로서 비센떼 알레익산드레의 충고와 시집 『파괴 혹은 사랑 La destrucción o

---

7 El Gallo Crisis: 수탉의 위기라는 뜻의 문학잡지.

el amor』(1935)은 미겔을 충격적인 시각에서 시를 바라보게 했다. 『중단 없는 광선』에서 몇 편의 시는 미겔 에르난데스의 문학적 성장을 뚜렷하게 보여준다.

> 내 인생 위로 피로 얼룩진
> 발의 살점이 떨어지고,
> 발정 난 사프란의 유성이 떨어지고,
> 분노에 사로잡힌 붉은 구름이 떨어지고,
> 중상 입은 바다가 떨어지고, 하늘이 떨어졌다.
> (Cayó una pincelada
> de ensangrentado pie sobre mi vida,
> cayó una planeta de azafrán en celo,
> cayó una nube roja enfurecida,
> cayó un mar malherido, cayó un cielo.)
>
> <피에 젖은 운명> 부분

이 시를 쓸 무렵의 스페인은 좌익과 우익이 대치 상태에 있었고, 북아프리카에서 스페인 정예부대는 모로코에서 전투를 치르고 있었다. 파업, 암살, 극단적인 소요로 이어지는 사회의 한 구석에서는 여전히 전위예술이 호흡하며 내면의 세계를 파헤치고, 다른 구석에서는 다수의 예술, 민중 의식이 투영된 문학이 목소리를 높이고 있었다. 시 <피에 젖은 운명>에서 에르난데스는 투쟁적인 사회를 피 흘리는 개인의 육체로 재현하면서도 은유적 언어로 시적 깊이를 포기하지 않고 상황을 감싸 안는다.

1935년 봄 미겔은 스페인 공산당에 가입했고 얼마 되지 않아 시민전쟁이 발발했다. 미겔은 오리우엘라에서 인민전선에 소속되어 전투에 참가했다. 1937년 3월, 미겔은 아라곤 전선을 떠나 급하게 귀향한다. 호세피나와의 결혼을 서두르기 위해서다. 전선에 있던 인민전선 군인이 어떻게 홀로 집으로 돌아올 수 있었는지는 확실하지 않다. (조지 오웰의 『까딸루냐 찬가』를 기준으로 하면 그건 불가능해 보인다.) 이 급한 결혼식을 이해할 수 있는 한 통의 편지가 남아있다. 그 편지에서 미겔은 친구이자 편집자인 꼬시오에게 집필료의 반을 호세피나에게 미리 보내줄 것을 부탁하고 있다. 호세피나의 아버지가 민병대라는 이유로 인민전선에 의해 체포되어 처형을 당해 가족들이 생계가 막연해진 것이다. (호세피나를 중심으로 보면 미래의 남편은 인민전선에 뛰어들었고, 사실 아무런 정치적 의식이 없던 아버지는 민병대라는 이유로 인민전선에 의해 처형되었다. 정치적 선택이 얼마나 맹목적일 수 있고, 일단 뇌에 파고든 이데올로기가 인간을 얼마나 무섭게 몰고 가는지를 증명하는 예다.) 결혼식을 치르고 얼마 후 미겔은 전선으로 돌아갔고 이듬 해 첫 아들이 태어났다.

전쟁 중에 에르난데스는 두 편의 시집을 썼다. 『민중의 바람 El viento del pueblo』은 마르크스적 혁명과 민중적 투쟁을 담은 것이다. 서문에서 그는 이렇게 쓴다.

> "우리 시인들은 민중의 바람입니다. 우리는 민중의 모공을 관통하는 바람이며 그들의 눈을 가장 아름다운 산 정상으로 향하게 해야 합니다."

이제 우리는 참여문학의 전형적인 어투, 열에 들뜨고, 고백적이며, 순수함을 보여주려 애쓰며, 동지애와 결속력을 과장하며, 쉽게 감동을 일으키려는 어투를 만나게 된다.

> 민중의 바람이 나를 데려가고,
> 민중의 바람이 나를 끌고 가고,
> 내 심장을 뿌리고
> 그리고 내 목을 부풀린다.
> (…)
> 죽을 때, 나는 머리를
> 높이 세우고 죽으리.
> 죽고 스무 번 죽어도
> 개밀 따위는 입에 대지 않고
> 어금니를 꽉 깨물고
> 수염을 가지런히 하며.

죽음에게 노래를 불러 주리라.
전투와 전투 속에
소총들 바로 위에
노래하는 나이팅게일이 있다고.

<민중의 바람이 나를> 부분

바다에서 물은 그토록 염원하던 천국을 찾는다.
땀은 자신의 지평선을, 날갯짓을, 굉음을 찾는다.
땀이 흘러넘치는 소금나무,
집어 삼킬 듯한 파도.

땀은 까마득한 먼 시절로부터
도착한다. 흔들리는 물방울을 제공하기 위해,
갈증과 소금을 한 방울 씩 제공하기 위해,
삶에 빛을 제공하기 위해.

<땀> 부분

무기로서의 문학. 그렇게 혁명적인 리듬을 타면서도 은유에 대한 욕망은 여전히 살아있으며, 전쟁의 비극을 바라보며 적을 일차적인 차원의 언어로 공격하지는 않는다. 그는 자신과 적을 포함한 인간의 잔인함, 피에 대한 갈증, 보편적인 폭력성을 표현하려 한다.

『매복하는 남자 El hombre acecha』(1939)는 에르난데스가 전쟁 중에 쓴 두 번째 시집이다. 『민중의 바람』과 비교하면 언어의 열망은 줄어들고 심장과 뇌에 각인된 현실은 더 강렬하게 묘사되고 있다.

밤, 꾹 다문 입술들의 침묵.
그 속을 항해하는 침묵.
침묵은 감히 침묵함을 중단하지 않는다.
죽은 자들의 질식한 언어로 말할 뿐.

침묵

용솟는 피의 비가 쏟아지는 기차,
피 흘리는 사람들의 연약한 기차,
침묵하는 사람, 고통 받는 사람, 창백한 사람,
고통을 싣고 가는 입 다문 기차

<호송 기차> 부분

1939년 4월 1일 마드리드 시청에 국민전선 기가 계양되었다. 상당수의 인민전선 군인들이 국경을 넘어 탈출한 상태였다. 미겔은 꼬르도바와 세비야를 거쳐 우엘바 주의 포르투갈 국경을 넘는 데 성공했지만, 포르투갈 파시즘 군에 의해 체포

되어 스페인 민병대에게 넘겨졌다. 세비야 포로수용소에서 수감생활을 시작한 미겔은 마드리드 지역의 또리호스로 이감되었다가 알리깐떼 교도소로 옮겨졌다. 이곳에서 전후 대표적인 극작가가 되는 부에로 바예호(Antonio Buero Vallejo)와 함께 감방을 썼다. 이 무렵부터 각혈을 시작했고 시간이 흐르며 결핵은 악화되었다. 1941년 3월 미겔 에르난데스는 알리깐떼 포로수용소에서 생을 마감한다.

문학성을 떠나 전후 스페인 국민을 울렸던 시 한편이 있다. 31살로 요절한 오리우엘라 시인을 계속 기억하게 만드는 시다. 수감 중에 미겔은 아내로부터 편지를 받았다. 얼마 전에 태어난 둘째 아들이 젖을 먹지 못해 양파 즙을 빨고 있다는 내용이었다. (첫째 아들은 태어난 지 얼마 후에 죽었다.) 미겔은 답장과 함께 시 한편을 아내에게 보낸다.

> 내 아이가 그곳에 있었어,
> 배고픔의 요람에.
> 양파의 피를
> 젖처럼 빨면서.
> 그러나 아이의 피는 설탕과
> 양파와 배고픔으로
> 서리처럼 변했지.

갈색 피부의 엄마가
달빛에 녹아들어,
요람 위에서
부드럽게 아이를 감싸고 있지.
아기야, 웃어봐
배가 고프면
달이라도 꿀꺽 삼켜보렴.
(...)
네 미소가 나를 자유롭게 하고
날개를 달아주지,
내게 외로움을 떨치게 하고
감방을 날려 보내지.

<양파의 자장가> 부분

블라스 데 오떼로: 신념과 시

문학과 예술이 세상을 변화시킬 수 있다는 신념은 매력적이고 또 실천 가능한 것이다. 다만, 서두르지 않고 공을 들이며 예술적 수단을 철저하게 이용할 수 있어야한다. 혁명에 대한 욕구가 지나치거나 변화되는 세상을 보는 재미에 빠져, 동시대의 상황을 급하게 다루다보면 당대에는 공감을 얻어낼 수 있을지 몰라도, 상황이 지나면 누구도 그 작품을 들여다보려 하지 않는다. 문학이 현실을 향해 바로 달려갈 때 그런 일이 벌어지는 것이다. 그래서 참여시에도 최소한의 시적 밀도, 즉 '예술적 돌아가기'가 필요한 것이다.

블라스 데 오떼로는 미겔 에르난데스가 시를 놓을 수밖에 없는 시점에서 시를 쓰기 시작한다. 물론 두 사람은 서로를 몰랐고 그럴 가능성도 전혀 없었다. 에르난데스는 발렌시아 남부 지역의 산양치기였고 가난했으며 정규교육과는 거리가 멀었다. 오떼로는 당시로는 가장 산업화된 빌바오에서 태어난 바스크인이며 공장을 소유한 아버지 밑에서 풍요한 삶을 살았고 자유교육학교와 예수회 학교를 거친, 지적 균형을 소유한 전형적인 유럽 부르주아였다. 그들을 한 울타리 안에서 묶어준 것은 시와 전쟁이었다.

1920년대 빌바오 지역을 강타한 산업적 재앙을 블라스의 가족도 피할 수 없었다. 가족은 마드리드로 이주해서 가난한 삶을 살아야했다. 특히 16살이 되던 1932년 형과 아버지가 한꺼번에 세상을 떠나는 고통을 겪게 된다. 다시 빌바오로 돌아온 가족은 더욱 궁핍한 생활을 이어갔다. 작가가 되고 싶었던 블라스는 가족의 생계를 위해 법대에 진학한다. 시민전쟁과 함께 인민전선 군인으로 빌바오 전투에 참여했고, 빌바오가 무너지자 레반테 전선에서 전투를 치루었다. 전후에 블라스는 금광회사에서 보조 변호사로 일을 시작했지만 시에 대한 욕망은 더욱 커져갔다.

가톨릭 신앙에 심취했던 미겔 에르난데스의 초기 시처럼 블라스 데 오떼로의 첫 작품도 신앙고백에 가까운 것이었다. 1943년 문학잡지 『엘에스꼬리알』에 게재된 <영혼의 시편>의 일부를 읽어보자.

> 천상의 음악이여, 당신의 생명을 내게 주십시오.
> 당신은 예술의 외침이며 본질,
> 신의 상처로 얼룩진 당신,

제가 듣기 원하는 것은 바로 당신의 그 상처.

<영혼의 시편>이란 제목은 신비주의 시인 산후안 델라 끄루스의 시집 제목에서 빌려온 것이다. 미겔 에르난데스와 블라스 데 오떼로의 문학적 항로를 보면 '신념'이란 단어를 떠올리게 된다. 특히 신앙의 신념은 젊은 작가를 이물질 없는, 선택의 고통을 넘어선 곳으로 데려간다. 나중에 사회주의자가 되었을 때도 신념의 강도는 변하지 않는다. 문학적 신념은 종교적 신념과 길은 달라도 강도는 비슷하기 때문이다.

첫 작품을 발표한 후, 오떼로는 몇 년 동안 시인과 변호사 사이를 왔다 갔다 한다. 빌바오에서 변호사 일을 그만두고 마드리드 대학에서 인문학을 공부하면서 창작에 몰두했으며, 다마소 알론소, 비센떼 알레익산드레 등의 거장들을 알게 된다. 그러다 한 동안 시 창작을 접고 다시 변호사 생활로 돌아가기도 했다. 직업에 대한 방황을 끝낸 것은 1947년이었다, 2년 동안 변호사로 일을 하면서 생애에 걸쳐 가장 많은 독서를 했다고 나중에 술회한 적이 있다.

1950년대에 오떼로는 창작 의욕은 절정에 달했다. 그는 4편의 시집을 연이어 출판한다. 『무섭게 인간적인 천사 Ángel fieramente humano』(1950)-공고라의 시에서 빌려온 제목-와 『의식의 연타 Redoble de la conciencia』(1951)에서 오떼로는 인간의 실존적 고통과 부조리를 표현하고, 그 부조리함에서 벗어나기 위한 연대의식과 사랑을 외치고 있다. <영혼의 시편>에서 찬미의 대상이었던 신은 이제 인간의 절규에 귀를 막고 있는 실존적인 신으로 변한다.

몸과 몸으로, 심연의 가장자리에서
죽음과 싸우면서, 저는 신에게
외치고 있습니다. 당신의 침묵은 굉음을 내고,
무기력한 공간에서 저의 목소리가 질식합니다.

오, 신이시여, 제가 죽는다면 당신을
깨울 겁니다. 밤과 밤마다 언제나 당신이
제 목소리를 들을 지 모릅니다. 오, 신이시여. 저는 혼자
말하고 있습니다. 당신을 보기 위해 그림자를 할퀴며.

제가 손을 들면, 당신은 그 손을 잘라내십니다.
제가 눈을 열면, 당신은 그 눈을 파십니다.
제가 목말라하면, 당신의 모래사장은 소금으로 변합니다.

이것이 인간이란 것입니다: 두 손에 공포를 안은 채.
영원하며 덧없는 존재와 비존재.
거대한 사슬 날개를 가진 천사!

<인간>

고백과 절규의 시. 설득의 리듬. 이해받는 것이 중요하고 공감을 끌어내는 것이 필요하다. 시인은 '표현성'을 높이기 위해 언어를 선택한다. 오떼로는 독자들에게 익숙한 소네또 형식을 사용하면서 고통의 동사들을 진행형으로 반복하고 있다.(clamando, retumbando, hablando, arañando) 고통의 실존! 신은 어디에 있는가? 인간의 절규와 신의 침묵. 영원함(eteno)과 덧없음(fugitivo)의 교차. "거대한 사슬 날개를 가진 천사!"

시 <영원한 것>에서 시인은 자신의 세대를 뿌리가 뽑히고 폐허로 성을 쌓는 운명에 처해진 세대로 묘사한다.

가지가 꺾인 나무들
뿌리 뽑힌 세대
오직 폐허로 성을 만드는
운명에 빠진 사람들.
(Un mundo como un árbol desgajado
Una generación desarraigada.
Unos hombres sin más destino que
apuntalar ruinas.)

(27세대 시인이자 비센떼 알레익산드레와 함께 전후 젊은 작가들의 우상이었고 탁월한 인문학자였던) 다마소 알론소가 오떼로의 시를 해설하는 과정에서 "뿌리 뽑힌 세대 una generación desarraigada"라는 표현을 부각시켰고, 곧 전후세대를 가리키는 대중적인 수식어가 되었다.

사회문학은 늘 검열과 변증법적인 관계에 놓이기 마련이다. 출판 검열이 강하게 작용할수록 글쓰기는 어떤 식으로든 억압을 피해 메시지를 유포시키려고 하기 때문이다. 역설적으로 검열은 참여문학이 쉽게 빠질 수 있는 프로파간다의 유혹을 피할 수 있게 해준다. 체제에 대한 일차적인 기표, 직접적이고 노골적인 언어는 출판될 수 없기 때문이다.

세 번째 시집 『나는 평화와 말을 요구한다 Pido la paz y la palabra』(1955)에서 실존이란 보편적 주제는 스페인 전후의 현실로 구체화된다. 여기서 사회문제는 은유적인 시어로 재현되기도 하지만 대체로 참여문학의 고유한 패턴, 저항과 고발의 목소리로 재현된다. 오떼로는 <거대한 다수에게 A la inmensa mayoría>라는 제목의 시로 시집을 열면서, 고의적으로 후안 라몬 히메네스의 시적 강령 "거대한 소수에게"를 떠올리게 하고 동시에 그것을 전복한다. 시집 제목 역시 전후시대를 지배했던 정신적 공황과 침묵에 대한 강력한 저항을 담아낸 것이다. 실존적 고뇌라는 보편적 주제가 역사적이고 현실적인 주제로 구체화되는 과정에서, 우리는 전후 사회시가 안또니오 마차도의 시학-시는 시간 속의 언어-으로부터 계승된 것임을 알 수 있다. 『무섭게 인간적인 천사』와 『의식의 연타』가 실존주의적 시집이라면 『나는 평화와 말을 요구한다』와 다음에 나온 『까스띠야 언어로 En castellano』(1960)와 『스페인을 다룬다면 Que trata de España』(1964)은 사회시의 현실 참여성을 여실히 드러내고 있는 작품들이다. 특히 『까스띠야 언어로』는 스페인의 지리적 풍경을 경쾌하고 짧은 민중적 시행에 담아낸 시집이다. 안또니오 마차도처럼, 현실에 대한 적극적인 참여는 오떼로를 스페인의 풍경과 지리에 대한 애정에 빠지도록 했다.

나는 경청하고 있어,
듣고 있지

레온 교도소의
시계를

소리아 지방법원의
종소리를

새벽의 칼날을

스페인이 장단을
맞추는 것을
듣고 있지.

<장단을 맞추다>

오떼로는 도시의 인상을 현실과 연결시키는 재능이 있었고, 1950년대 중반 여러 번의 스페인 횡단 여행을 경험한 후 이런 지리적인 시를 쓰게 된다. 고향인 비스까야 지방에서 몇 달 동안 광부로 일했고 파리에서 살기도 했으며 1960년대에는 국제펜클럽의 초청으로 흐루시초프의 소련과 모택동의 중국을 방문했다. <까사 데 아메리까스>는 문학상 심사위원 자격으로 그를 초청했고, 그때의 쿠바 방문을 계기로 아바나에서 3년을 체류하게 된다. 건강 악화로 1968년부터 마드리드에 정착했고, 선집과 전집을 냈으며 산문집 『거짓과 진실의 이야기들』을 출판했다. 1979년 마드리드 근교 마아다온다에서 타계했다.

다음 시는 블라스 데 오떼로가 3년간의 쿠바 생활을 마치고 1968년 아바나를 떠나며 쓴 이별의 시다.

과히라 관따나메라.[8]
나는 쿠바를 떠난다.
다음에 만나.
너를 보러 꼭 돌아올게.

---

8 “Guajira guantanamera”: 관따나모(Guantanamo)의 아가씨. 관따나모는 쿠바의 동쪽 끝에 위치한 지역이다. “과히라 관따나메라”는 쿠바 민요로, 쿠바의 독립영웅이자 시인인 호세 마르띠(José Martí)가 시집 『단순한 시 Versos sencillos』에 수록하면서 널리 알려지게 되었다.

내가 죽지 않는다면.

내가 장님이 되지 않는다면.

<쿠바를 떠나며> 부분

05

짐페레르와 가르시아 몬떼로

텍스트 인용에서 삶의 경험으로

1960년대 들어 프랑코의 스페인 사회에도 불가피한 변화가 일어난다. 모든 분야에서 엄격함이 축소되고 검열 시스템은 힘을 잃어갔으며 새로운 것이 밀려들어 문화적 욕구를 건드렸다. 라틴아메리카 소설이 발명한 마술적 사실주의가 독자들을 자극하고, 프랑스 누벨바그는 영화에 대한 지적인 매력을 선사했다. 또한 가장 낙후된 서유럽 국가의 하나인 스페인에서도 소비자본주의가 현상으로 나타나기 시작했으며, 움베르토 에코가 '미드컬트'라고 명명했던 지적인 대중과 교양독자가 출현했다. 갑자기 나타났다기보다는 잠재되어 있었다고 보는 것이 맞을 것이다. 심각한 전쟁을 겪고 나면 인간은 심리적으로 현실과 동떨어진 형태의 예술을 쉽게 받아들일 수 없게 된다. 탐정소설 작가이자 시인인 바스께스 몬딸반은 이 시절 스페인 교양독자들이 이미 대중문화에 익숙해 있으면서도 사회문학의 진지하고 강요된 분위기 때문에 한동안 마오이스트로 혹은 피델 까스트로와 체 게바라의 열광적 지지자로 위장하고 있었다고 진단했다.

짐페레르와 노비시모:
미디어와 인용의 충동

1966년 스페인 국민문학상 심사위원단은 시 부분 수상자로 21살의 빼레 짐페레르를 선정했다. 시집 『바다는 타고 있다 Arde el mar』는 문학적 사건이 되었고, 사회시의 퇴장과 새로운 시적 비전의 등장을 예고했다. 전후에 태어난 세대가 책을 읽고 영화를 보기 시작할 나이에 접어든 것이다. 새로운 세대는 무엇보다 문화적이었으며 기질적으로 아버지 세대의 문화를 혐오했다. 그 간극은 통상적인 세대 차이를 뛰어넘을 만큼 컸고 그들의 뒤에는 매스미디어가 있었다. 마셜 맥루언의 『미디어의 이해』가 1964년에 출판된 것은 우연이 아니었다. 맥루언은 인쇄문화가 힘을 잃고 전자문화가 미디어를 지배할 것이며, 미디어의 폭력이 어떻게 미래사회를 꾸려나갈지를 예견한다. 지난 5세기 동안 견고했던 '구텐베르크 갤럭시'에 균열이 가고 '새로운 갤럭시'가 빛을 내기 시작했다.

『대중의 반란 La rebelión de las masas』(1925)에서 오르

떼가 이 가세뜨는 유럽역사에서 처음으로 문화적 대중이 등장했다고 판단했다. 전통적으로 문화는 엘리트의 것이었고 문화적 대중은 존재하지도 않았으며 그런 욕구도 갖고 있지 않았다는 것이다. 여기서 가세뜨는 문화적 대중의 출현에 대해 우려와 공포를 드러내고, 판단력이 결핍된 대중이 소수의 엘리트에게 원래의 자리를 내어 줘야한다고 주장한다. (정치적으로 좌파였던 가세뜨는 철학과 문학, 문화와 예술이라는 상부구조의 영역에서만큼은 늘 엘리트의 자세를 취했다. 문화적 파시즘인가?) 주장의 정당성을 떠나 1920년대에 문화적 대중의 출현을 감지했다는 것 그리고 고급문화와 대중문화를 구분한 것 자체는 가세뜨의 통찰력을 보여준다.

1930대라는 이른 시기에 대중문화의 기술적 속성을 간파한 학자는 발터 벤야민이다. "기술적 복제"는 근대와 함께 예술적 근원의 기준이었던 "아우라"를 지워버린다. 아우라가 없는 그 무엇이 예술이 될 수 있을까?

시인이자 비평가인 데비예나(Luis Antonio de Villena)는 1960년대 스페인 시의 특징으로 대중매체와의 연관성, 희귀한 대상이나 이국적인 장소에 대한 관심 그리고 (시적 주체의 가면화에서 볼 수 있듯) 시를 유희적으로 보려는 태도를 들었다. 어떤 비평가는 문화주의라고 불렀으며 누군가는 도시시로 명명했다.

조수가 차오르고 장미는 곡예사가 되고
베네치아의 밤 아치에 아크등이 켜지고
내 사춘기가 저물어 가던 그 해
에즈라 파운드가 바라보던 도가나[9]의 대리석
깊은 운하를 타고 가는 영구행렬
얘들아 저 멀리 밤 깊은 곳으로 가봐
둑스[10]의 태피스트리, 섞여 짜여진 그림자들,
시간이 지워버린 왕자들과
정령들이 있는 그곳으로

『바다는 타고 있다』, <극장들의 바다 앞에서 베네치아 찬가> 부분

미디어 세대로서 짐페레르와 동시대 시인들은 핵심적인 문학적 수단으로 인용과 기호를 사용한다. 한편에는 무진장의 텍스트들이 모여 있는 저장고가 있고, 다른 편에는 필요에 따라 그것을 서슴없이(!) 꺼내서 기호적인 변형과 왜곡을 일삼는 용감한 실험 행위가 있다. 에드가 앨런 포, 횔더린, 에즈라 파운드, 로버트 루이스 스티븐슨, 바흐, 모차르트의 오페라, 빌리 홀리데이, 블루스와 재즈. 이국적인 장소들, 베네치아에서의 사춘기, 비버리힐즈의 한 장면, 베트남 전쟁의 이미지(…) 대중

---

9 La Dogana: 이탈리아 토스카나 지방의 마을.

10 Dux: 체코의 도시.

잡지와 영화, 광고 같은 대중매체에서, 중세에서 현대에 이르는 다양한 캐논들을 아우르며 SF와 탐정, 로맨스 등의 대중소설, 옥따비오 빠스와 레사마 리마 같은 라틴아메리카 시인들에 이르기까지 광범위한 스펙트럼을 보여준다. 텍스트 인용은 고급독자를 상정하지 않고는 불가능한 것이다.[11] 다음 시에서 짐페레르는 『보물섬』의 이미지를 인용하고 변형한다.

황금 단추 달린 낡은 해적 외투
유리 눈알로 나를 바라보는 외눈박이 해적
남극의 밤 산 뗄모[12]의 불꽃들
파란색 플랜카드
"거북이 섬 판매 중"
배가 사라진 쁘로비덴시아 항구[13]
내 마음 쓸어내리고 나는 꿈을 꾸지 못하네.

『낯선 과일 Extraña Fruta』, <로버트 루이스 스티븐슨> 부분

---

11 이런 유형의 인용이 포스트모더니즘의 전형적인 텍스트 인용과 다른 면모다. 포스트모더니즘에서 인용은 키치나 페스티시(유머의 정서)나 패러디(풍자의 정서)의 형태를 취한다. 여기서 그 미학적 목적이 제대로 성취되려면, 인용되는 텍스트가 대중적으로 널리 유포된 것이어야 한다. 반면에 노비시모가 인용한 텍스트는 어떤 면에서는 보르헤스 적인, 함께 독서에 진지하게 참여하지 않으면 의미를 만들 수 없는 텍스트를 인용의 대상으로 선택했다. 물론 대중적인 텍스트도 자주 사용했지만 말이다.

12 San Telmo: 부에노스아이레스의 오래된 지역으로 순수한 탱고의 형태와 식민 시대 건축물들이 보존되어 있다.

13 Puerto Providencia:에콰도르 나포 강의 항구.

또한 '기호에 대한 성찰'은 이 시인들을 난해함으로 빠져들게 했고 놀랍도록 지적인 분위기의 시가 탄생하게 된다. 하이메 실레스(Jaime Siles)의 『빛의 창세기 Génesis de la luz』가 대표적인 시집이다.

어느 날 밤 우리는 늙고
아침은 세상을 깨우며 유리창의
빛으로 마치 모욕처럼
자신의 음영을 우리에게 각인한다.

물속에 잠긴 두 눈은
회색빛 연지벌레로 충만한 기억의 거울들.
말은, 언제나 백발인 말은
우리에게 꺽쇠모양의 악센트를 남긴다.

<루크레티우스의 한 가지 테마에 관한 바로크적 변주> 부분

여기서 실레스는 후안 라몬 히메네스의 순수시 계보를 이어가며, 실제를 하나의 기호로 축소시키고 있다. 로마의 시인이자 철학자였던 루크레티우스는 『사물의 본질』을 남겼고, 베르질리우스는 이 책에 영향을 받아 『아이네이스』를 집필했다. 실레스는 루크레티우스와 바로크 미학을 제목으로 거론하며 실험적인 언어의 변주를 시도한다. 화자를 따라 독자들은 사물의 본질에 대해 사색하게 된다. 밤과 아침 사이, 어둠이 지나고 빛이 세상을 깨울 때 인간은 유리창으로 굴절된 그것을 빛의 본질이라 착각한다. 우리는 자신을 본 적이 없다. 인간은 나르시시즘의 착각으로 다만 거울을 통해 자신을 볼 뿐이다. 기억의 거울 속에서 언제나 늙어있는 언어는 "꺽쇠모양의 악센트"로 지시물을 반영한다. (난해함의 미학! 혹은 지적 사기의 충동!)

바르셀로나에서 태어나 성장한 짐페레르는 1970년부터는 까딸루냐어로 시를 썼다. 나중에는 까딸루냐어로 출판한 시집들을 선집으로 묶어 까스띠야어(스페인어)로 번역했다. 선집 『거울, 공간 그리고 나타남 Espejo, Espacio y Apariciones』을 열면 왼쪽에는 까스띠야어가 오른쪽에는 까딸루냐어가 적혀있다. 『거울, 공간 그리고 나타남』에 수록된 시집 제목만을 적어본다.

1. Los Espejos(Els Miralls)
2. Fuego Ciego(Foc Cec)
3. Tres Poemas(Tres Poemes)
4. El Espacio Desierto(L'Espai Desert)
5. Apariciones(Aparicions)

<시라는 예술>이란 제목의 2행시를 읽어보자. 시란 무엇일까?

종합의 재능을 뛰어넘는 어떤 것.
빛에서 빛의 진행을 볼 수 있는 것.
Algo más que el don de síntesis.
Ver en la luz el tránsito de la luz.
(Alguna cosa més que el do de síntesi.
Veure en la llum el trànsit de la llum.)

짐페레르의 뒤를 이어 같은 세대 시인들이 연이어 데뷔했다. 예를 들어, 기예르모 까르네로(Guillermo Carnero)는 『죽음의 스케치』를, 안또니오 꼴리나스(Antonio Colinas)는 『흙과 시를 위한 시』를 발표한다. 1970년 호세 마리아 까스떼옛은 이들의 선집을 출판하면서 『아홉 명의 지극히 새로운 스페인 시인들 Nueve 'novísimos' poetas españoles』이라는 제목을 달았다. 그때부터 "노비시모(novísimo)"는 이들을 묶어주는 거친 수식어가 되었다. (짐페레르 세대는 1980년대에 들어 명칭이 보편화된 포스트모더니즘의 영역으로 이미 걸어 들어가고 있었다.) 그러면서도 노비시모 시인들은 로르까 같은 27세대의 미학을 열렬하게 받아들였으며 심미주의와 우울증을 기반으로 하는 데까당스에 이끌렸다.

특히 짐페레르는 도시적인 우울함과 대중매체의 이미지를 '잡종화'하는데 탁월한 재능을 보였다. 파편적인 이미지들, 의미는 살아나는 듯하다가 사라지고, 스크린을 스쳐가듯 풍경화적인 여러 장소들의 행렬. 베네치아에서의 사춘기를 기억하며 화자는 꿈을 구성하는 비연속적인 언어와 이미지들을 더듬는 리듬으로 적어간다.

> 온 가족이 시체를 에워싸고 서있다.
>
> 그들은 더러운 자동차 오일과
>
> 내 어깨에 떨어진 비듬을 닮았다.
>
> (…)
>
> 푸른 복사지 같은 그녀의 피부,
>
> 복사지는 말라 비틀어졌다.
>
> 그녀의 아름다운 눈은 실크스크린에
>
> 그려진 마릴린 먼로의 눈.

『사막의 공간 El Espacio del Desierto』, <3번째 시> 부분

짐페레르의 『비벌리힐즈에서의 죽음 La muerte de Beverly Hills』은 1960년대 이후 가장 많은 독자를 끌어들인 시집 중 하나가 되었다.

별들이 묵고 가는 어두운 호텔,
검은 장갑이 자동차 핸들 위에서 속삭인다.
전구들이 깊이 파인 금색 소케트에서 거품을 낸다.
한 방울의 피가 얼려진 채 가구 위에 떨어진다.
플라스틱과 네온의 부드러운 층계에서 아이들이
총에 맞아 죽어간다.
소녀들은 호랑이의 눈을 가지고 있다.
조명탄의 불빛이 끝이지 않는 밤.

푸른 잎의 바다와 폭발과 화염 사이의 뚜껑 달린 춤.
쓰레기가 너의 유리 복부에 입을 맞춘다.
불이 난 계단에서 내 심장은 질식한다.
번개로 만든 흰 보석이
구름으로 만든 종(鍾)의 겨울을 닫는다.
네온사인으로 얼룩진 어둠 속 금속의 기도소리
(…)
영화와 실크스타킹의 욕망
한밤중, 어두운 호텔, 고통스러운 젊은이들은
꿈을 꾸기 위해 돌아가고
지하주차장에 불이 켜진다.

<별들의 어두운 호텔에서> 부분

도시의 비가(悲歌). 거리의 뒷골목, 호텔과 영화관, 민주화와 표준화, 별빛과 폭력, 베트남 전쟁을 이미지로 연결해주는 TV 뉴스. (짐페레르는 베트남 전쟁의 역사적 현실이 아니라, 미디어가 재현한 시각적 이미지를 인용한다.) 실크스타킹과 섹슈얼리티, (아마도) 레이먼드 챈들러의 하드보일드 소설의 한 장면, 네온사인과 번쩍이는 헤드라이트 그리고 고독의 과장된 분위기. 도시문화의 두드러진 본질은 '복제성'이 아닌가? 발터 벤야민의 기념비적인 논문을 빛나게 했던 그 평범한 단어. 보들리야르의 시뮬라시옹. 시인도 복제의 힘에서 벗어날 수 없는 것일까? 연결되지 않은 채, 서로 다른 영역에 속해있던 이미지가 머리와 심장으로 침투하고 뒤섞인다.

미니멀리즘은 일상의 한 순간을 포착하며 대화의 단절과 물화된 인간의 모습을 담아내려는 예술적 자세이다. 『객관적인 우연 El Azar Objetivo』에서 기예르모 까르네로는 화자의 독백을 들려주며 대화가 불가능한 도시의 황폐함을 그리고 있다.

완벽할 정도로 동질적인 둥근 모습은 최초의 방해물
그로인해 프로그램을 짜보려는
진지한 의도에 한계가 전달된다.
원을 따라서 360도 회전해 보지만
어떤 차이도 느껴지지 않는다.
두 번째 방해물은 똑같이 옷을 입힌 그 투명함,

눈이 노려보고 있는 점 하나의 위치를
시시각각으로 변화시키고 있으니까.
지속적인 명상과 어항 안에서의 여행을 위해 설정해놓은 그 점을…

<어항에 대한 명상> 부분

여기서 '숨겨진' 화자는 어항에 대해 명상한다. 대상은 어항의 원과 투명성 따위이며 어항의 둥근 형태와 모든 공간에 동질성을 부여하는 투명성 때문에 명상은 방해 받는다. 우리에게 전달된 메시지는 화자의 자폐증적 관찰이다. 재현 대상의 가치 없음과 물화된 언어는 독자를 황폐한 낯설음으로 가두어 둔다. 대화가 소멸된 허구의 공간에는 정체를 알 수 없는 시적 화자의 무감각한 목소리와 대화에서 소외된 대상만이 존재한다. 도시적 정서는 후기자본주의의 대량생산 체계가 만들어낸 상품의 속성을 닮아간다.

까를로스 알바레스(Carlos Álvarez)와 바스께스 몬딸반(Manuel Vázquez Montalbán)은 후기산업사회에서 벌어지는 교환가치의 지배에 도시적 우울을 덧입혀 패러디하는 대표적인 시인들이다. 알바레스의 『늑대인간의 울부짖음』과 바스께스 몬딸반의 『감정교육』에 수록된 시를 하나씩 읽어본다.

그의 이름은 프랑크 슈타인
그는 가난하게 태어나서

나무처럼 땅에 심어졌다가
나중에 뿌리 채 뽑혔지

그리곤 나무를 목재로 우리를
만들어 그를 가두어두었지.
아기 프랑크 세상에 왔지만
헐값에 매겨져

진열대에 걸린 채 그는
피곤함을 느꼈지.

<아기 프랑켄슈타인의 동요> 부분

모터사이클의 암시적인 목소리
살아있는 바다가재,
식욕을 억제할 수 없는 콘소메
바다는 거대한 요오드 식품
유럽 최고의 고층 호텔 에어컨디션
(…)
그 가장 높은 곳
무의탁 결핵환자 수용소에서
사람들은 추위에 떤다.

<꼰치따 삐께르> 부분

비극의 주인공 프랑켄슈타인의 괴물은 다시 아기로 태어나 보지만 다시 헐값에 팔려 백화점 진열대에 오른다. 또한 모터사이클의 굉음과 고급 레스토랑의 화려한 수족관에서 유유히 기어 다니는 바다가재와 에어컨디션이 부착된 쾌적한 호텔이 주는 '행복의 만연'과 무의탁 결핵환자 수용소의 처절함. 그 모든 것이 공존하는 현대도시의 비가!

가르시아 몬떼로와 경험의 시인들: 일상의 시학

1990년대에 들어서며 사람들은 전쟁과 거대한 이야기 그리고 이데올로기에서 벗어나 개인적 일상에 몰두했다. 1989년 베를린 장벽의 붕괴와 함께 냉전시대를 지배했던, 삶에 대한 진지하고 무거운 태도-설령 겉으로는 장난기가 어리고 유희적인 자세를 취했다 해도-는 조금씩 의미가 없는 것으로, 과장되며 뭔가를 은폐하고 있는 것으로 취급되기 시작했다. 베트남 전쟁은 이미지로 재현되고, 살이 찢겨나가고 피가 튀는 잔혹한 전투는 게임의 스펙터클로 상품화되었으며, 신비함과 비장미는 환상문학 속에서 더욱 과장되고 인공적인 분위기로 재구성되었다. 인터넷과 스마트폰의 등장은 지구의 인간들을 (그렇지 않아도 피하기 어려웠던) 표준화로 내몰았다. 인류는 이제 서로 비슷하고 밋밋한 존재로 살게 되었다. 상징적으로 표현하자면, 어떤 취미를 즐기고 어떤 요리를 좋아하는지 어떤 스타일의 구두를 유별나게 싫어하는 지에 따라 서로를 구별할 수 있게 된 것이다. (냉전

시대의 종언과 인터넷의 탄생은 동시에 벌어졌다. 우연일까?)

이제 작가들은 평범한 일상에서 문학의 조건과 의미를 발견한다. 소설가는 한편으로는 직업과 취미, 요리와 건강에서 다른 편에서는 판타지에서 이야깃거리를 찾는다. 시인은 섹슈얼리티 혹은 감각적 에로티즘, 키치적인 유머를 드러내려 하며, 무엇보다 스토리텔링의 가능성을 모색한다. 시에서도 직업과 노동은 새롭게 독자들을 끌어들이는 중요한 소재가 된다. 여기서 노동의 언어는 마르크스적인 저항을 애써 구비하려 하지 않는다. 현재의 독자가 읽고 싶어 하는 것은 노동의 섬세한 리듬, 권태와 피곤이라는 반복적인 상태에 대한 시적 반응 같은 것이다.

후기자본주의의 모든 현상이 그렇듯이 경험의 시 역시 국경을 넘어 고도로 정보화된 자본주의 국가라면 어디서나 나타난다. 서유럽의 모든 국가에서, 미국과 캐나다 그리고 라틴아메리카의 몇 나라에서, 일본과 한국 등등. 보들레르의 상징주의와 히메네스의 순수시가 추구했던 언어의 모호함, 감정의 불협화음, 탈인간화, 불가해성, 이해되지 않는 것에 대한 숭배를 생각해보라. 경험시는 그곳에서 얼마나 먼 곳까지 왔는가. 상징주의와 모더니즘이 그렇게 피하려고 했던 소통의 익숙함, 감정의 공유, 긴장의 이완은 이제 경험시가 추구하는 바로 그것이 되었다. '재미라는 의무'를 지게 된 경험시에서 센티멘털리즘과 스토리는 가장 생산적인 장치가 되었다. 꾸며진 경험 혹은 상상으로의 경험, 아니면 경험을 모방한 연극적 무대가 시의 상상력이 된 것이다.

그렇지만 우리를 진정한 재미에 빠져들게 하고 가끔은 다른 세상을 보여줄 수 있는 그런 경험의 시인이 있다면, 그는 우리의 칭찬과 애정을 받을 충분한 자격이 있다. 난해한 언어의 제작자(Hacedor)가 되는 것보다 평범한 언어의 제작자(fabricador)가 되는 것이 더 어려워 보이기 때문이다. “파브리까도르”는 재능으로만 되는 것이 아니다. 엄청난 노력을 들여야 하고 변덕스런 독자의 마음을 지속적으로 살펴야 가능한 것이다.

쉽고 누구나 공유할 수 있는 시가 지배적이 되면서 스페인 현대시는 상업적으로 가장 활발한 시기를 보내고 있다. 이페리온(Hiperión) 같은 시 전문 출판사가 등장하고, 인문학 전문 출판사 비소르(Visor)는 장기적인 시 기획물을 출판했다. 스페인을 대표하는 패션 브랜드 로에베(Loewe)는 로에베 재단을 세우고 수상자에게 상당한 액수가 보장되는 문학상을 제정했다.

경험시의 대표적인 시인들을 소개해본다. 그 중 몇 시인은 자신의 전공 영역이 있는데, 예를 들어, 월페는 노동이, 도르스는 가족이, 살바고와 꾸엔까는 에로티즘이, 가르시아 몬떼로는 연애가 전공이다.

영국의 웨스터햄에서 태어나 어린 시절부터 스페인에서

살았던 로저 월페(Roger Wolfe)는 1990년대에 영미권과 서유럽에서 유행한 “더티 리얼리즘(realismo sucio)”의 대표적인 시인이다. 특히 키치적 유머를 유발하는데 있어 그만한 시인은 없을 것이다.

나는 잠에서 깬다. 식탁 위에는
마시다 만 반 컵의 위스키가 있다. 몇 개의 성냥과
윈스턴 한 갑. 담배 갑에는 누군가가 휘갈겨 쓴
전화번호가 있다. 아침 7시 5분. 텔레비전에는
제임슨 메이슨이 나를 흑백으로 바라보고 있다.
그는 이해는커녕 들리지도 않는
말들을 내뱉는다.

일어나 욕실로 접근한다. 그리고 변기에 구역질과
내장을 쏟아내고 줄을 당기며
돌연 그런 생각이 든다. 살아있다는 것이
전쟁을 치르고 사랑하고 시를 쓴다는 것이
얼마나 친절한 것인지. 세상은
다른 시선을 기꺼이 받아들인다.

『대중교통에서 잃어버린 나날들 Días perdidos en los transportes públicos』, <흑백TV>

흑백 TV와 탁자, 성냥과 윈스턴(브랜드를 명시하는 것은 그것을 만든 노동자에 대한 배려이며 자본주의에 대한 예의) 그리고 아침 7시 5분. 노동을 위해 길을 떠나기 전, 화자는 배설을 하며 전쟁과 사랑과 시 역시 배설임을 떠올린다. 친절한 배설이다. 그것들이 있어서 노동은 아름다울 수 있는 것이 아닐까?

도르스(Miguel D'ors)는 일기처럼 창작 날짜를 기록한다. 이틀 동안 시가 작성되었으면 날짜는 이틀이다.

> 일요일 오후의 슬픔 그리고 비.
> 무엇보다,
> 이 글들을 여기서 쓰고 있다는
> 어제 내게 쏟아진 일들이 이미 불가능해지고 있다는
> 여기 있다는 그리고 눈보라의 매서운
> 회색 채찍을 맞으며 알카사바에 있지 않다는
> 카르추나의 파도들 사이에 있지 않다는
> 나의 아이들과 어둠 속에서
> 애리조나의 말처럼 생긴 사막을 함께 하지 못한다는
> 슬픔.
> (4-X-87)

『극단적인 음악 La música extremada』 <일요일 오후의 블루스> 부분

가족을 뛰어넘는 일상은 없다. 일상을 시로 전환하기 위해

도르스는 경험의 순간을 현재성으로 담아낸다. 그것은 기억으로서의 언어가 아니라 경험으로서의 기억을 순수하게 담아내기 위한 것이다.

살바고(Javier Salvago)는 감각적인 에로티즘으로 독자들을 유혹한다.

> 머리를 움직일 때마다 그녀의 검은
> 머릿결의 가벼운 스침 그리고 질식.
> 방심으로 그녀의 손과
> 땀에 젖은 내 손의 스침.
> 버스가 정거장에 곡선을 그으며 착륙할 때,
> 그녀의 몸과 유방의 스침.
> 거의 벗겨진 그녀의 사타구니의 스침.
> 입을 다문 채 우리는 내리고
> 각자의 길로 우리는 멀어져갔어.
> 아무 일도 없었어.
>
> 『가장 좋은 시절 Los mejores años』 <유혹>

버스에서 우연히 여자와 나란히 앉게 된 남자가 있다. 그 남자는 모든 남자의 대명사다. 버스가 뒤척일 때 마다 여자의 신체가 기호처럼 말을 건다. 애매한 스침들의 반복. 그 반복은 항상 횟수가 부족하고 좌절과 환멸의 이미지를 안고 있다. 클

라이맥스도 있다. 곡선을 그으며 버스가 정류장에 미끄러지듯 도착할 때, 남자는 여자의 은밀한 곳을 상상한다. 그것은 절대 현실로 들어서면 안 되는 금지의 세계. 섹슈얼리티의 메타포!

대중소설에 길들여진 독자들은 시에서도 이야기를 원한다. 꾸엔까(Luis Alberto de Cuenca)의 호로에로티즘을 읽어보자. 고대의 어느 궁전에서 벌어지는 사도마조히즘!

왕들은 젊은 딸들을 사랑했다네.
그들은 어느 날 결단을 내렸다네,
잊혀졌다 망각에서 돌아온
어떤 세레모니의 제례 문제로 신하들이 설왕설래하는 동안에
왕들은 그들의 딸들과 연애에 빠졌다네,
소유와 광폭함과 음탕함과 공포와 갈급함과 광기로
딸들의 몸에 얼음 채찍을 휘둘렀다네.
(…)
왕들은 젊은 딸들과 침대에서 뒹굴며
엉망이 되었다가 으스러졌다가 산산조각이 났다네.
낮이 밝자, 딸들은 꿈의 범선을 타고 멀어져가고
왕들은 경건하고 어둠침침한 법령을 발표했다네.

『은빛 상자 La caja de plata』 <아무르 푸>

어깨 상처가 마치 제2의 심장처럼
박동을 친다. 그녀 역시 고통을 받았지만
내게 내색하지 않았다.
문이 닫혔다. 그 짧은 순간
우리는 와락 껴안았다. 그게 인생이다.
그런데 고통이 돌아오고, 내 눈 위로
내 입술 바로 앞으로 안개가 돌아 왔다.
그리고 돌아 왔다
의심과 질책들
그리고 어깨의 고통과
그녀의 남편도.

『은빛 상자』 <유부녀>

유부녀와의 사랑에는 고통이 따른다. 심장을 여러 개로 나누어 사용할 줄 알아야한다. 그것이 우리의 실존이라고 시인은 말하고 있는 듯하다. 금지된 사랑의 메타포?

『분리된 방들』은 젊은 시인의 작품이자 중요한 시집이다. 루이스 가르시아 몬떼로의 시는 동시대 스페인 시의 핵심적인 경향을 보여준다. 경험시라고 하는 그 흐름 말이다. 삶의 시라고도 할 수 있을 그곳에서 우리는 매일의 현실을, 한편으로는 경이로운 것에 한편으로는 일상적인 것에 연루되어

> 있는 현실을 본다. (…) 『분리된 방들』은 감정들로 가득 차 있고, 확실할 수 있는 건, 그 시에서 젊은이들은 서로를 알아본다는 것이다. 물론 젊은이들만 그런 것은 아니다. 우리도 투명하고 지적인 언어로 구성된 그의 시에서 우리 자신을 알아본다.

이 글은 1994년 로에베 문학상 시 부분 심사위원장이었던 옥따비오 빠스의 심사평이다. 현대 시인 중에서도 가장 난해하고 지적인 언어를 소유한 시인으로 평가 받는 옥따비오 빠스가 경험시를 수상작으로 선택하고 평을 쓴 것이 인상적이다. "알아본다"는 말은 무슨 뜻일까? 독자가 시를 읽고 자신의 경험과 일상을 읽을 수 있다는 뜻일 것이다.

『분리된 방들 Las habitaciones separadas』을 비롯해서 가르시아 몬떼로(Luis García Montero)는 『공모 일기 Un diario cómplice』, 『뜨리스띠아 Tristia』, 『어느 어울리는 겨울 Un invierno propio』 등을 출간하며 경험시의 층을 두텁게 해온 시인이며, 그라나다 대학에서 문학을 강의하고 비평가로서도 활동하고 있다. 최근에는 시집 『닫힌 문으로 A puerta cerrada』를 출간해서 독자들의 관심을 모으고 있다. 가장 많이 읽힌 가르시아 몬떼로의 시를 읽으며 경험시에 대한 글을 마무리한다.

전화해, 내 사랑, 나 택시를 잡고
당신을 보러 이월의
측량할 수 없는 현실을 가로지를 게,
뒷좌석이 내게 제공한
허망한 세계를 가로지르며
점멸등과 대화를 나누며
미풍에 흔들리는 표지판을 보며
더 이상 길을 가르쳐주지 못하는 그것을 보며
다만 당신과 나 사이의 관계를 지시하는 그것을 보며.

알고 있어, 이제 당신의 말에는
예전의 화려했던 톤이 없다는 걸
당신 머릿결의 불안했던 공기도
나를 기다리고 있을 빛 없는 지하실에서
당신이 다만 인위적인 노스탤지어를 꿈꾸고 있다는 걸.
그리고 마침내, 아침에
당신을 깨울 때,
스타킹에 대한 망각과
문맥에서 끄집어낸 세부적인 일들에 대한 망각
사이에서
당신은 스스로에 대한 연민과 두려움을,
수치심 혹은 그럴 듯함을, 불안을

그리고 어쩌면 사치스런 불쾌감을,
불면의 밤 우리가 나누었던 그 이야기들이
우리에게 남기는 충격을
소유하겠지.

그러나 우리는 알고 있어.
그 이야기들을 집으로 실어갈 때
바의 연기 속으로 그것들의 시체를 숨길 때
더 비싼 대가를 치루고 말 거라는 사실을.

나는 어휘들을 뺀 채 내 고독을 향해 왔다가
어휘들을 뺀 채 당신의 고독을 향해 가지.
말할 건 아무 것도 없지만,
나는 떠올리지
언젠가 우리가 옷을 벗은 채
중요성을 제거한 채
그 이야기를 나눌 것임을,
그때 과거의 리듬은 활기를 얻겠지,
사물들은 멀어져가고
그때 우리는 더 이상 아프지 않겠지.

『공모 일기』 <내게 전화해>

06

미겔 데 우나무노의 『안개』

철학자의 소설

귀스타브 플로베르는 작가가 자신을 드러내지 않아야한다고 주장했다. 우주의 모든 것을 지배하면서도 자신의 모습을 드러내지 않는 신처럼 말이다. 이 문제를 유심히 살펴보면 소설가가 자신만의 개성과 문체를 발견하는 것보다, 자신의 흔적이 제거된 채 보편적이면서도 오직 그 작가의 글을 쓰는 것이 얼마나 어려운 지를 깨닫게 된다. (나는 매번 그런 결론에 도달한다.) 세르반테스와 셰익스피어에게 독자들이 알아볼만한 고유한 개성과 문체가 있는가? 두 거장은 모든 작가의 스타일로 자신의 스타일을 만들었던 것은 아닌가?

반면에 어떤 소설가들은 자신의 흔적을 각인한다. 작가가 이론(理論)에 재능이 있을수록 그런 글쓰기로 흐르는 것 같다. 철학자나 역사가가 소설을 쓸 때, 그들은 어쩔 수없이 이론을 통해 흔적을 남기고, 이야기를 통해 하나의 강령을 내비치려고 한다. 소설은 이론을 허용할 수 있는 한계가 있고 그걸 넘어버리면 독자는 책을 덮어버리고 말 것이다. (어떤 소설을 순수하다고 표현할 수 있다면 하나마나한 이야기, 오직 이야기하는 행위 외에는 아무것도 드러내지 않는 소설일지도 모른다.) 『안개』에서 우나무노는 그

한계에 접근하면서 한계를 넘지 않는 능력을 보여준다.

실제의 재현이라는 서유럽 리얼리즘의 전통은 19세기 후반부터 무너지기 시작했다. 언어라는 거울이 실제를 묘사하고 현실의 모순을 표현하는 데 충분한 역할을 수행하고 있다는 믿음이 그때까지는 있었다. 소설의 인물은 자신의 영역에서 확고한 주체로서 행동하고 생각을 대화로 표현했다. 소설에서 리얼리즘의 환영, 즉 재현의 거울이 고른 평면을 유지하고 있다는 오래된 이런 의식은 여러 방식으로 무너진다. 『안개』에서 우나무노는 그 중 하나를 시도하려는 것이다. 여기서 "안개(niebla)"는 존재의 비결정성과 부조리의 상황을, 인간의 조건과 언어에 대한 회의를, 리얼리즘 소설에 대한 질문을 시각적으로 상징하고 있다. 명제에 대한 의식이 지나쳐서 우리는 소설과 이론 중간에 있는 글쓰기를 대면하게 된다. 플로베르의 글쓰기 의식은 우나무노에게서는 발견되지 않는다. 그는 우리를 가르치려하고 자신의 주장을 위해 소설을 쓴다. 그럼에도 『안개』는 매혹적이다. 『안개』가 지난 백 년 동안 읽혀지고 거론되었으며. 우리시대에도 여전히 읽을 만한 소설인 이유는 지적 픽션이라는, 유럽 소설의 오랜 전통 중 하나를 끌어안고 있기 때문이다.

*

미겔 데 우나무노는 1864년 바스크의 주도인 빌바오에서 태어났다. 빌바오는 지금도 어느 정도 그렇지만 우나무노가 성장할 무렵에는 스페인 내에서 가장 산업화된 도시의 하나였고 자연스럽게 사회주의 성향이 강한 도시였다. 반면에 젊은 우나무노는 정통 가톨릭 교육을 받았으며 마드리드 국립대학에서 박사학위 논문 주제로 바스크의 민족지역주의를 다룰 정도로 보수적인 성향을 띠고 있었다. 다시 빌바오로 돌아와 비스카야의 고등학교에서 라틴어 교사로 일하면서, 대학의 교수직을 구했지만 번번이 실패했다. 1891년 어린 시절 소꿉동무였던 콘셉시온 리사라가와 결혼했고 9명의 자식을 두었다. (첫아들의 사망으로 결혼 초기에는 위기를 겪는다.) 30세에 접어들면서 우나무노는 전반적으로 사상에 과격한 변화를 겪는다. 예를 들어, 초기의 지역주의자의 면모는 98세대라는 큰 틀에서 중앙집권을 지지하는 성향으로, 시간이 더 지나면 스페인 민족주의를 벗어나는 범세계적인 관심으로 확대된다. 이런 변화는 결과적으로는 우나무노의 사상체계의 일관성을 의심스럽게 했다. 반면에 일관성의 결여는 시대의 흐름에 따라 사상의 형태가 탄력적으로 흘러갔다는 것을 말해준다. 어쩌면 사상의 유동성, 혹은 시대에 발맞추려는 예민한 성향은 스페인 철학의 전통이라고 말할 수도 있다. 신칸트주의 철학자였던 오르떼가 이 가세뜨가 관념철학에서 점차 예술, 문화, 정치를 아우르는 시대의 변론가가 되었다는 사실이 스페인 철학의 면모를 잘 보여준다. 결과적으로 우나무노 사상체계는 이 작가를 평생 연구한 엘리아스 디아스의 평가처럼 이중성을, A에서 B로 이동하거나 A와 B 사이 중간에 위치하는 성향을 띤다. 또한 지적 호기심으로 뭉친 우나무노 선생은 글로 표현할 수 있는 모든 형식을 이용했다. 비문학 분야에서는 철학적인 저서들, 정치를 포함한 스페인의 사회 현실에 관한 글들, 문학 비평서, 철학과 신앙의 문제 등. 문학에서는 소설, 시, 희곡, 여행기, 서간문을 끊임 없이 써댔다. 동일한 주장이나 명제가 다른 형태의 글쓰기로 표현되면, 다른 색채를 띤 주장과 명제로 읽힐 가능성이 높은 것이다.

우나무노는 진보주의인가 보수주의인가?

1894년에 빌바오 사회주의당에 가입한 우나무노는 당 기관지 『계급투쟁』에 지속적으로 글을 발표하면서 사회주의자로서 주장을 펼쳐나갔다. 그러나 시간이 가면서 사회주의와는 점차 거리가 멀어진다. 엘리아스 디아스에 의하면, 우나무노의 마르크스주의는 피상적이며 사회현상의 경제적 동인에 연결시키기 보다는 내면적이고 모순적인 인간의 정신성을 설명하는 정도에 그쳤다는 것이다. 또한 대중을 향한 글에서는 진보주의적 입장을 견지했지만, 당시의 기계문명의 발전에 대해서는 회의적이며 인간의 진보를 하나의 환상으로 보는 회의주의적 태도를 드러낸다. 그런 면에서 우나무노의 미래에 대한 예견이나 비전은 불확실하고 정확하지 않은 것이었다.

지역주의인가 중앙집권주의인가?

초기에 바스크 민족주의를 지지하다가 시간이 가면서 중앙집권적 통일성으로 기울게 된다. 그러나 지역의 자치권이 유지되어야 한다는 입장을 유지했다. 스페인의 국가적 정체성은 까스띠야를 중심으로 이루어진 역사에 근거를 두며, 지역정부가 까스띠야 중앙정부를 중심으로 지역성을 최소화해야하다는 인식은 정도의 차이는 있지만 98세대 지식인들에게 널리 퍼져 있었다.

자유주의인가 파시즘인가?

그는 공공연히 자신이 자유주의자이며 민주주의를 지지한다고 표명했으며, 그러면서도 선거나 의회제도 같은 대중민주주의에 대해서는 회의적 입장을 보임으로서 파시스트적인 성향을 내비치기도 했다. 1차 세계대전 때는 독일을 지지했고, 공화주의자이면서도 소요와 노동자시위를 두려워했으며, 프랑코의 정치세력을 지지하기도 했다. 스페인 시민전쟁이 벌어졌을 때 그는 사실 인민전선(좌익)과 국민전선(우익)의 어느 쪽에도 서지 않았다.

철학자로서 고유한 철학적 논리를 가지고 있는가?

오르떼가 이 가세뜨의 후계자인 훌리안 마리아스-뒤에 나오는 하비에르 마리아스의 아버지-는 우나무노가 정통한 철학자가 아니며, 철학적 논리가 체계적이지 않을 뿐 아니라 종결적이지도 않다고 평가한다. 반면, 세라노 뽄셀라는 정통 철학이 지니기 마련인 논리성이 떨어지기는 하지만, 문제의식을 충분히 담고 있으며 체계를 갖추고 있다고 평가한다. 어떤 면에서 철학자로서의 우나무노는 방법론에서 철저하지 않지만, 문학작품을 통해 비체계적으로 철학적 주장을 표명하고 있다고 인정할 수 있다. 우나무노가 평생 추구했던 철학적 주제를 단순화시키면 다음의 2가지가 될 것이다.

이성과 신앙(혹은 감성) 사이에 끼어드는 비극적인 모순:

스페인처럼 가톨릭이 정신적으로 문화적으로 물리적으로 지배적인 나라에서 성장한 철학자라면 이성과 신앙, 논리와 직관 사이에서 우왕좌왕하는 것은 자연스러운 것이다. 다만 우나무노는 그 주제를 더 깊이 밀고 나갔고 여러 글을 썼지만 결과적으로는 스스로 패러독스에 갇히고 말았다. 나는 방법론상의 이 역설적 태도가 우나무노를 매력으로 감싸 안을 수 있는 힘이라고 생각한다. 그럴 경우 나중에 사르트르가 그랬던 것처럼 (문학적인 재능이 있다면) 그 패러독스를 문학을 통해 해결하려고 하기 마련이다. 철학은 논리에 의존하는 글쓰기이고 문학은 아이러니와 역설에 의존하는 글쓰기이기 때문이다.

상식에 대한 저항 그리고 내부역사:

상식과 고정관념에 대한 저항은 우나무노가 평생 동안 유지한 자세이다. 그런 면에서 돈키호테는 이상적인 모델로 작용한다. 『돈키호테와 산초의 생애』에서 우나무노는 『돈키호테』의 모든 장(章)에 독자로서의 자신의 의견을 달며, 상식을 벗어나 독자적인 삶을 살아가는 한 남자를 추모한다. 진정한 광기는 상식-우리에게 결핍을 주고 각자를 질식시키는-이란 전염병에서 우리를 치유한다. 현실적이고 상식적인 산초는 주인의 광기에 조금씩 물들어간다.

같은 방향에서 우나무노는 우리가 통상적으로 생각하는 역사에 시비를 건다. 위대한 인물들과 거대한 사건들로 구성된 기록이 개인으로서의 나에게 무슨 의미가 있을까? 그래서 꺼내든 개념이 "intrahistoria"이다. (어떻게 번역하면 좋을까? 내부역사, 민중의 역사, 내면의 역사, 주체적인 역사?) 우나무노에게 역사라는 개념은 외면적이고 덧없는 사회적인 기록이다. 반면에 내부역사는 주체적이며 내면적이고 시간의 층이 깊은 역사이다. (어떤 직관에 의해 그 개념을 꺼냈지만 우나무노 선생도 모두가 수긍이 가도록 설명할 수는 없었다.) 덧없는 사건들의 집합인 역사와 다르게 시간이 지나간 뒤에도 영속적으로 남게 되는 내부역사. 이 내부역사야 말로 바다의 심연이며 역사의 본질이라는 것이다. 그 논리에 따라 주체는 '거대역사로서의 나 yo histórico'와 '내부역사적인 나 yo intrahistórico'로 구성된다. 나의 일부는 집단적이고 외면적인 액션으로 구성된 것이고 나의 또 다른 일부는 생각과 의식의 심연으로 구성된다. (거대)역사와 내부역사를 픽션의 세계에 대입시키면 리얼리즘 소설과 모더니즘 소설에 각각 들어맞는다. 찰스 디킨스 식의 리얼리즘 소설에도 심리묘사가 있고 개인이 바라보는 세계가 묘사되고 있기는 하지만, 플롯은 인물들이 처한 외적 현실-탄생의 조건, 사회적 계급과 문제들, 적대적인 자본주의 사회, 불행과 행운의 공평함 혹은 잔인함, 우연과 신의 섭리-의 관계를 쫓아간다. 『안개』에도 리얼리즘적인 플롯을 읽을 수 있다. 아우구스또와 에우헤니아의 사랑이야기 말이다. 이 러브스토리는 너무나 뻔하고 수없이 들어왔던 단순한 플롯이다. 작가가 독자와 나누고 싶은 이야기는 러브스토리를 핑계로 그 주변을 싸고 있는 복잡하고 구조적인 이야기를 통해 소설이란 무엇인가에 대한 질문, 소설의 질료가 되는 언어란 무엇인가에 대한 질문, 데카르트 식의 실존적 질문을 하고 싶은 것이다.

*

내용과 형식은 오랫동안 싸우거나 화해하거나 용서해왔다. 리얼리즘 소설에서 형식은 미세하게 움직이며 인물들의 행위와 감정, 묘사되는 특이한 환경, 예상하지 못한 반전으로 이야기를 꾸려간다. 리얼리즘에서 인물과 환경은 우리의 일부이거나 미래의 우리가 된다. 우리는 그들과 함께 앞으로 나아가

거나 걸음을 멈추며 그럴듯한 이야기의 환상 속에서 머물고 싶어 한다. 그러다가 어느 시기가 되면 형식이 내용을 지배하며 내용이 형식을 위해 봉사하는 때가 이르게 된다. 소설가 우나무노는 이렇게 리얼리즘의 전형을 보여주며 그것을 빌미로 반리얼리즘(모더니즘) 소설의 한 가지 유형을 우리에게 들이밀고 있는 것이다. 서사구조를 새로 짜고, 현실과 픽션을 혹은 관객석과 무대를 뒤섞어내고, 언어를 의심하고, 인물들을 안개 속에 가두어 두고, 독자가 스토리에 몰두하지 않도록 여러 가지 차단의 전략을 동원한다.

『안개』의 서사구조는 자체로 독립된 플롯을 구성하는 것처럼 보인다. 작품은 1) 2가지 서문과 2) 33장(章)의 본문, 3) 추도문 형식의 에필로그로 이어진다. 여기서 2가지 서문이란 우나무노의 부탁을 받고 빅또르 고띠가 쓴 서문(prólogo)과 우나무노가 쓴 '서문에 대한 서문(post-prólogo)'을 말한다.

1장에서 33장은 다시 두 부분으로 명확하게 나누어진다. 1장에서 30장은 아우구스또 뻬레스의 이야기로, 그는 에우헤니아와 사랑에 빠지고 결혼하기 위해 애를 쓴다. 31장-33장은 아우구스또가 우나무노를 만나는 이야기이다. 결혼에 실패한 아우구스또는 살라망까에 있는 우나무노를 만나러간다. 소설의 주인공과 작가가 대화를 나누고 서로에게 증오와 애정을 교환한다.

프롤로그와 에필로그는 작품의 시작과 끝에서 작가가 독자에게 하는 말이다. 『안개』에서 2개의 프롤로그와 에필로그는 이런 통상적인 개념에서 벗어나 작품의 일부로 작용한다.

먼저 본문으로 들어가 보자. 이야기의 흐름은 아우구스또의 생각과 행동으로 구성된다. 그는 독백(monólogo)을 하거나 오르페오라는 개와 독백 같은 대화(mono-diálogo)를 나누거나 친구인 빅또르 고띠와 대화(diálogo)를 한다. 말을 할 때, 아우구스또는 더듬거나 했던 말을 반복한다. 의미를 한 가지로 인식하지 못하기 때문이다. (사무엘 베케트의 선배로서 우나무노는 『고도를 기다리며』의 블라디미르와 아스트라공의 선조를 만들어낸다.)

등장인물들을 차례로 꺼내보자. 주인공 아우구스또 뻬레스와 그의 친구 빅또르 고띠, 아우구스또가 사랑에 빠지는 에우헤니아, 아우구스또와 잠깐 연애사건을 벌이는 처녀 세탁부 로사리오, 에우헤니아의 보호자인 고모부 페르닌 씨와 그의 아내 에르멜린다. 아우구스또의 하인들인 리두비나와 도밍고. 그리고 관례적인 캐릭터에서 벗어나는 두 캐릭터, 한 마리의 개와 작가인 우나무노.

아우구스또는 매일 집을 나선다. 갈 곳이 있는 곳도 아니고 만나야할 사람이 있는 것도 아니다. 그는 처음 보는 세상을 향해 가는 것처럼 매일 집을 나선다. 첫 장면에서 아우구스또는 집 앞에서 산책을 준비하며 서로 이어지지 않는 충동적인 생각의 모험을 떠난다. "보행자가 아니라 인생을 산책하는" 아우구스또는 우산을 펴며 이런 생각을 한다.

> 우리는 신을 이용하는 데 급급하여 우산을 펴듯 신을 펴서 모든 악으로부터 우리를 보호하려고 할 뿐이다. (…) 이제 어디로 가야 할까? 오른쪽으로 아니면 왼쪽으로?[14]

집을 나선 아우구스또는 어떤 아가씨가 지나가자 그녀를 따라간다. 에우헤니아를 따라 거리를 헤매다가 그녀가 집으로 들어가자 걸음을 멈추는 일련의 장면은 아우구스또가 처한 실존의 상황을 우리에게 보여준다. 길을 걸으며 그를 지배하는 것은 행동이나 욕망이 아니라 서로 연결되지 않는 단상들이다. 사물의 용도와 신(神)의 용도, 개미와 일, 위선과 여행에 대한 분석과 이름과 스페인어의 성수 일치 같은 여러 주제가 그의 머리를 지나간다. 그는 길을 걷고 있지만 실제로는 인생의 수많은 문제들을 걸어 다니는 것이다. 아우구스또는 이렇게 독백한다.

> 나의 에우헤니아. 너는 내 사랑이 될 것이다. (…) 내 마음의 안개 속에 나타난 한 쌍의 별과 같이 달아나는 듯한 두 눈의 시선 위에 내가 그려놓은 이 에우헤니아는 내 사랑이 될 것이다.

---

14 『안개』에 대한 모든 번역은 민음사 판(조민현 번역)을 인용한 것이다.

아우구스또는 길거리에서 우연히 죽어가는 강아지를 발견하고 집으로 데려와 오르페오라는 이름을 주고 키우기 시작한다. 오르페오는 주인의 대화를 일방적으로 듣는 역할을 수행하고 나중에 주인이 죽은 후 작품의 에필로그에 등장함으로써 작품의 구조를 비트는 역할을 한다.

> 오르페오, 나는 내가 아니다, 라고 여러 번 생각했다. 거리를 지나갈 때 아무도 나를 보지 못할 거라고 생각하며 걷곤 했다. 또 어떤 때는 내가 나를 보듯이 사람들이 나를 보지 모살 거라는 환상에 잠겨보기도 했다.

아우구스또는 에우헤니아를 만난 후 사랑에 쉽게 반응하는 사람이 된다.

> 그녀가 등을 보이고 나가면서 신비로운 정신적 빛의 원천이었던 두 눈이 사라지자 아우구스또는 몸속에 불길이 치솟고, 심장은 망치질하듯 두근두근 뛰었으며, 머리는 터질 것만 같았다.

사랑의 플롯은 갈수록 전형적인, 쉽게 예상되는 플롯으로 흘러간다. 얼마 후 아우구스또는 에우헤니아에게 마우리시오라는 약혼자가 있다는 것을 알고 더 강한 행동주의자가 된다.

에우헤니아는 피아노 교사로 일하고 마우리시오는 아무 일도 하지 않는다. 에우헤니아는 가난하고 아우구스또는 물려받은 재산이 있어 부족함 없는 생활을 한다. 두 연인이 엮어가는 러브스토리는 연극적 소극에 가까우며, 플롯의 형태가 너무나 뻔해서 우리의 예상은 어긋나지 않는다. 아우구스또는 에우헤니아와의 사랑을 이루기 위해, (정확하게 말하면) 결혼하기 위해 행동한다. 이것이야말로 그의 유일한 행동이다. 그는 비교적 뚜렷하게 이 목적을 위해 행동한다. 길을 걷고, 에우헤니아의 집을 찾아가고, 그녀의 보호자들과 상식적인 대화를 나누고, 세탁부 로사리오에게 잠시 빠져들고, 에우헤니아의 애인인 마우리시오 때문에 고민하고-그러나 진지하지는 않게 고민하고-여러 사람이 들려주는 결혼 이야기들을 듣는다. 그는 결혼의 비극에 대해 듣는다. 그는 결혼의 우연성에 대해 듣는다. 그는 결혼의 권태와 비극에 대해 듣는다.

이렇게 해서 아우구스또라는 낯선 캐릭터와 그의 최초의 욕망인 에우헤니아를 만난 이후, 독자들은 두 가지 플롯을 따라가도록 강요받는다. 우리는 때로는 중단되고 때로는 이어지는 플롯을 읽어가야 한다. 아우구스또와 에우헤니아가 엮어가는 사랑이 수면을 떠도는 이야기라면 "안개란 무엇인가?"라는 실존적 질문은 수면 아래를 맴도는 이야기인 셈이다. 물론 돈 미겔의 관심은 뒤에 있다. 이렇게 생각해보면 어떨까? 돈 미겔은 작품에서 "nivola"라고 정의한 반리얼리즘 소설을 제시하기 위해, 가장 단순한 형태의 리얼리즘 소설의 형태를 대비시키고 싶었다고. 그럼으로써 작품의 제목인 "niebla(안개)"는 현대인이 처한 실존적 상황을 상징하는 한편, "nivola"와 운율적 유비를 이룸으로써 새로운 소설을 정의하고 있다고 말이다. 안개를 닮은 부조리한 현실과 그것을 반영하는 새로운 소설 "nivola"!

31장에서 33장 사이에 전개되는 아우구스또와 우나무노의 대화는 다층적인 무대로 구성된 세계를 떠올리게 한다. 일차적인 무대는 픽션과 실제가 경계를 이루는 무대이다. 작가는 인물을 창조하고 관망한다. 아우구스또가 자신이 언어로 태어났을 공간인 살라망까의 우나무노의 그 방으로 들어가 자살에 대해 물어볼 때 우리는 허구와 실제가 동일한 차원에서 대화하는 이차적인 무대에 도착한다. 죽은 후에 아우구스또가 우나무노의 꿈에 나타나 실제의 존재인 작가가 허구의 존재인 자신의 피조물일 수 있다는 암시에서 우리는 여러 개의 거울이 존재하는 안개로서의 무대를 인식하며 독서하는 나의 실존적 상황이 그 무대의 일부일지 모른다는 혼동에 휩싸인다.

*

결혼한 그해 겨울, 젊은 우나무노는 교수직에 응시하기 위해 모든 시간을 쏟아 부었다. (미래의 거장도 그렇게 시작할 수밖에 없다.) 시험 준비 과정에서 앙헬 가니벳(Angel Ganivet)을 알게 되어 깊은 우정을 나누게 되지만, 몇 년 후에 가니벳의 자살로 두 사람의 관계는 비극적으로 끝난다. 교수 채용 시험에 합격해서 28살에 살라망까 대학에서 그리스어를 강의하기 시작했으며, 보수적인 스페인에서 충격적일 만큼 예외적으로 37살에 살라망까 대학 총장이 되었다. 이 무렵 사회주의에 더 깊이 빠지면서 종교적 갈등을 겪기 시작했으며, 첫 아들이 죽는 가족의 비극을 겪기도 했다. 사회주의자로서 당연히 군주제에 반대 의사를 표명해왔지만, 1920년대에 들어서서는 노골적으로 알폰소 13세를 비판하는 글과 성명을 발표했다. 1922년 마드리드 한림원에서 왕을 비난하는 연설을 했고, 심약한 알폰소 13세가 그를 궁으로 초청하는 유화적 자세를 보이기도 했다. 초청을 받아들인 우나무노는 연설을 들어준 한림원 회원들과 노동조합의 강한 반발을 피할 수 없었다. (이것도 정치적 이중성인가?) 알폰소 13세는 결국 쁘리모 데 리베라 장군의 쿠데타로 이탈리아로 망명했다. (쿠데타 형식을 취하기는 했지만, 사실상 왕의 의도적인 정권이양에 가까웠다.) 군사정부가 들어서자 우나무노의 비난의 수위는 더욱 높아졌고, 살라망까 대학 총장직에서 해임된다. 우나무노는 처음에 푸에르떼벤뚜라(Fuerteventura)로 다음에는 파리에서 망명 생활을 했다. 1930년 쁘리모 데 리베라의 독재시대가 종식되자, 살라망까 대학으로 복직했고 이듬해 공화정부가 들어서자 총장직에 복귀한다. 그러나 1933년 공화정부

내부의 분열과 갈등에 염증을 느끼기 시작했다. (시민전쟁에 의용군으로 참전했던 조지 오웰도 『까딸루냐 찬가』에서 국민전선 군대와 벌인 전투보다 인민전선 내부의 갈등이 더 힘들었다고 고백한다.) 시민전쟁 초기에는 프랑코의 국민전선을 지지했지만 시간이 가면서 프랑코 세력을 비판했고, 결국 프랑코 세력은 늙은 우나무노를 1936년 10월에 가택연금으로 고립시키고 말았다. 완벽한 고독 속에서 마지막 시간을 보내던 "살라망까의 부엉이"는 1936년 12월 31일 자택에서 갑작스럽게 타계했다.

07

셀라의 『빠스꾸알 두아르떼 가족』

사실주의의 귀환

셀라가 타고난 작가인지, 적어도 재능을 느끼게 해주는 작가인지를 누가 내게 물어본 적이 있다. 질문을 던진 사람은 이제 막 『벌집』을 읽은 상태였다. 내가 대답할 수 있는 건 셀라가 부끄러움을 모르는 작가라는 정도였고, 그때 나는 『빠스꾸알 두아르떼 가족』을 염두에 두었던 것 같다. 그가 다시 질문을 던졌다. 뭐에 대한 부끄러움?

다 읽고 나서 처음부터 다시 읽게 만드는 소설이 있다. 불쾌한 반전 때문일 수도 있고, 문장이나 대화의 의미를 제대로 읽어내지 못했다는 뒤늦은 깨달음 때문일 수도 있다. 플롯을 다시 점검해보는 것은 탐정소설을 읽는 큰 재미의 하나다. 『빠스꾸알』은 이야기의 구조에 대해 뭔가를 따져보도록 한다. 그리고 뒤를 이어 셀라가 26살에 이 작품을 출판했다는 사실이 조금은 불편함으로 다가오기 시작하는 것이다. 그 나이에 첫 작품을 냈다는, 꽤 괜찮은 작품을 냈다는 사실을 넘어서는 뭔가가 있기 때문이다. 20대에 자신의 목소리를 낸 작가는 어렵지 않게 찾을 수 있다. 더 젊은 나이에 첫 작품을 낸 작가들도 있다. 괴테도 25살에 『젊은 베르테르의 슬픔』을 썼고 트루먼 커포티도 24살에 『다른 목소리, 다른 방』을 출판했다. 이 책에서도 소개되는 하비에르 마리아스는 20살에 첫 장편을 출판했다. 그렇지만 괴테나 커포티나 마리아스에게는 그럴 만한 징후가 있었다. 부유하고 인문학적인 환경, 감추어지지 않는 재능, 책 외에는 다른 것을 선택할 수 없는 운명 등이 있었다. 반면 공식적으로 알려진 셀라의 성장기에는 그런 환경이 거의 드러나지 않는다.

*

까밀로 호세 셀라(Camilo José Cela)는 1916년 갈리시아 지방의 꼬루냐 근처 작은 마을에서 태어났다. 10살에 가족이 마드리드로 이주했고 그 이후 1954년에 마요르까의 빨마데마요르까에 정착하기 전까지 스페인 수도의 주민으로 살았다. 18살에 대학에서 의학을 전공하기 시작했지만 문학에 대한 충동으로 학업을 계속할 수 없었으며, 학교보다는 주로 작가 클럽을 기웃거리고 작가가 되려는 또래들과 어울렸다. (4장에 소개했던 미겔 에르난데스도 그 중 한 사람이었다.) 20살이 된 1936년, 그 해 여름에 시민전쟁이 시작되자 프랑코가 이끄는 국민전선 소속으로 전쟁에 참여했다가 부상을 입어 후송되었다. (미겔 에르난데스는 사회주의자들로 구성된 정부군을 위해 싸우다가 포로수용소에서 세상을 떠났다.) 전쟁이 끝나고 1940년에 마드리드 대학교 법대에 입학했지만 이번에도 졸업은 하지 않았다. 노동조합 사무실에서 일하며 1942년 『빠스꾸알』을 출판했다.

그렇게 되면 천재성이라고 말할 수밖에 없게 되는데, 그렇게 평가하기에는 어떤 면에서든 셀라는 새로운 의식을 지닌 작가는 아니었다. (그렇기 때문에 진정한 천재작가로 생각할 수도 있다. 새롭지 않으면서도 뛰어나고 계속 읽게 만드는 것이야말로 놀라운 재능이 아닌가?) 보다 그럴 듯하고 재미있는 해석은 문학을 은밀하게 학습해왔다는 추측이다. 남몰래 다락방에 틀어박혀서 미친 듯이 책을 읽고 뭔가를 써대고 가공한 노력을 들여 문학을 학습해왔다고 생각해보는 것이다. 실제 그의 얼굴에서 나는 매번 그런 표정을 읽는다. 20대 후반의 사진에서 죽기 얼마 전에 찍은 노년의 사진들은 대부분 소설의 겉장이나 평론집에 끼어있는 것들이다. 그런 사진들은 한 사람의 얼굴이 얼마나 변할 수 있는 지를 보여주기도 하면서, 또 얼마나 변하지 않는 지를 보여주기도 한다. 변하지 않는 무엇이 그곳에 있기 마련이다. 셀라는 세상을 비꼬는 듯한 표정을 짓거나, 결정적으로는 뭔가를 숨기고 있는 표정을 짓고 있다. 아무도 알 수 없는 살인을 막 저지르고 공식적인 자리에 등장한 사람의 얼굴! 그가 남몰래 창고에 먹을거리를 저장해두는 유형의 작가라는 판단은 『벌집』에서 증명해낼 수 있다. 『빠스꾸알』 이후 근 10년 만에 출간된 『벌집』은 독특한 경지를 이룬 소설이다. 마드리드의 한 지역에 사는 수많은 사람들이 등장한다. 그들은 까페에 모여 이야기를 나누거나, 논쟁을 벌이기도 하고. 아무 것도 하지 않고 의자에 앉아있기도 하다. 그들은 숨을 쉬고 술을 마시고 서로에게 기대기도 하지만 몇 뻬세따 때문에 죽을 것처럼 싸우기도 한다. 발자크의 『인간 희극』의 축소판이자 20세기적인 재현이다. 이백 명이 넘는 인물들이 무대에 등장하고 몇 명은 끝까지 살아남지만, 대부분은 몇 마디 대사와 하찮은 사건을 일으키고는 무대에서 사라진다. 우리가 매일 만나는 바로 그들처럼 말이다. 이 소설을 읽다보면 셀라에 대한 경이감, 주변에 대한 관찰만으로 읽을 만한 소설을 만들 수 있는 능력에 찬사를 보내게 된다.

다시 우리의 주제로 돌아가 보자. 『빠스꾸알』을 다시 읽도록 하는 이유는? 중심 이야기 앞과 뒤에 배치된 '발견된 필사본과 몇 통의 편지'라는 장치 때문이다. 말하자면 이야기와는 동떨어진 것처럼 위장된 육필원고와 이 이야기를 출판하기로 결심한 사람의 알리는 글과 몇 통의 편지 따위를 거치도록 만들어둔 것이다. 원고가 누군가에게 전해지고, 그 원고가 알 수 없는 과정으로 다른 이에게 들어가 세상에 알려지는 과정을 보여주며, 주인공의 이야기가 끝난 뒤에도 그 후 행적을 암시하는 편지들이 있는 것이다.

*

다음은『빠스꾸알』의 플롯을 시간 순서에 따라 적은 것이다.

1) 사형수 빠스꾸알이 감옥에서 자신의 삶을 집필한다. 총 19장(章)의 원고.
2) 그 원고를 감옥의 병사였던 세사레오 마르띤이 빠스꾸알의 부탁으로 돈 호아낀 바레라 로뻬스에게 가지고 간다.(1937년 2월 15일) 원고에는 빠스꾸알의 편지가 동봉되어있다.
3) 돈 호아낀 로뻬스의 유언장.(1937년 5월 11일)
4) 옮긴이의 메모(Nota del Transcriptor): 빠스꾸알의 원고가 1939년 중반에 알멘드랄레호의 한 약국에서 발견되다. 원고를 발견한 사람이 원고를 옮겨 쓰고 출판할 예정임을 책의 서문으로 남겨둔다.
5) 원고가 출판되고 빠스꾸알의 이야기가 세상에 알려진다.
6) 빠스꾸알의 수감 생활과 원고 발송 이후의 빠스꾸알의 마지막 시간을 목격한 두 사람, 산티아고 루루에나 사제와 세사레오 마르띤 사병이 옮긴이의 부탁으로 편지를 보낸다.

작품에 배치된 사건의 순서는 물론 다르다. 그리고 달라야 하는데 그 차이가 플롯을 날카롭게 함으로써 이야기의 흥미를 높이기 때문이다.

1) 옮긴이의 메모(필경을 하고 출판한 사람). 누군가가 1939년 중반에 알멘드랄레호의 한 약국에서 육필 원고를 발견한다.
2) 빠스꾸알의 원고에 끼어있는, 메리다에 사는 돈 호아낀 바레라 로뻬스 씨에게 보내는 편지. (1937년 2월 15일)
3) 임종을 앞두고 돈 호아낀 바레라 로뻬스가 유언장을 적어둔다. 그 중 4번째 항목에 빠스꾸알의 원고에 대한 자신의 의견을 남겨두었다. (1937년 5월 11일)
4) 빠스꾸알의 회고록. (총 19장)
5) 옮긴이의 다른 메모. 메모는 대강 이런 내용으로 되어있다.

여기까지가 빠스꾸알의 육필원고이다. 나는 약국주인의 허가를 얻어 다른 원고를 찾아보았으나 허사였다. 빠스꾸알의 말년에 대해서는 알 수가 없다. 그가 다시 친치야 감옥으로 돌아갔으며, 거기서 시민전쟁 전까지는 나올 수 없었던 것 같다. 혁명기간 15일 동안의 그의 행적은 알려진 것이 없다. 다만 그 기간에 그가 돈 곤살레스를 살해한 것은 분명하다. 나는 빠스꾸알에 대해 더 많은 정보를 얻고자, 당시 교도소 전속사제였던 돈 산티아고 루루에나 신부와 교도소에 근무했으며 원고 심부름을 기꺼이 맡았던 세사레오 마르띤에게

편지를 보냈다.[15]

6) 산티아고 루루에나 사제의 답장
7) 세사레오 마르띤 사병의 답장.

젊은 셀라는 스페인 소설의 소문난 유산을 적극적으로 빌려온다. 피카레스크 소설 『라사리요 데 토르메스의 모험과 불운』과 세르반테스의 『돈키호테』. 피카레스크 소설에서는 적대적 사회와 맞서야하는 주인공의 운명과 자신의 비참한 삶을 누군가에게 들려주는 고백의 목소리를 빌려온다. 16세기의 라사리요는 살아남지만, 20세기의 빠스꾸알은 버텨내지 못한다. 아버지가 된 라사리요는 여전히 소년의 목소리를 유지했었다. 빠스꾸알은 어린 시절을 들려줄 때조차도 노인-그는 노인이 되기 전에 죽었다-의 분노, 삶의 횡포에 분노를 가진 패배의 목소리에서 벗어나지 못한다. 『돈키호테』에서는 "발견된 필사본" 이라는 오랜 전략을 가지고 온다. 세르반테스는 화자를 불러내어 그의 목소리를 들려주는 척하다가, 1부 9장에서 이 모험이야기의 작가가 아랍의 역사가 '시데 아메테 베넹헬리'라고 둘러댄다. ("발견된 필사본"은 중세 기사로망의 작가들이 빈번하게 사용하던 이야기 전략이었다. 기사로망의 변주로서 『돈키호테』를 고려할 때 세르반테스

15 『빠스꾸알 두아르떼 가족』에 대한 모든 번역은 민음사 판(정동섭 번역)을 인용한 것이다.

는 명예와 정신적 사랑으로 충만한, 이제는 죽어버린 기사를 무덤에서 데려올 뿐 아니라, 그 무덤에서 기사로망의 서사형식을 파헤친다.) 서문에 누군가의 원고를 들먹이며 자신을 번역자 혹은 필경사로 물러나게 하는 대표적인 소설로는 블라디미르 나보코프의 『롤리타』와 움베르토 에코의 『장미의 이름』을 들 수 있다. 특히 『장미의 이름』의 서문에서 에코는 필사본의 트릭을 통해 지적 능력을 현란하게 과시한다.

*

이제 빠스꾸알의 고백을 들어보자. 감방에서 이야기를 들려주는 빠스꾸알을 생각해보자. 스스로를 가장 불행한 남자라고 여기는 그를. 두 마리의 동물을 충동적으로 죽이고, "사악한 세상과 자신의 연약한 본능 때문에" 몇 사람을 살해했다고 고백하는 그를. 우리는 사형수의 회상이자 삶에 대한 변명을 듣는다. 기억은 어딘가를 희석시키고 어딘가를 과장하지만 그 모두가 모여 한 인간의 삶을 이루며, 죽음은 삶에 대한 변명과 질책이 된다.

셀라는 빠스꾸알의 회고를 모두 19장으로 나누어 들려준다. (19장으로 구성된 본문을 제외한 나머지 모두를 하나의 장으로 읽어보라고 하는 것일까? 그렇게 되면 모두 20장이 된다.)

1장에서 5장까지는 어린 시절부터 어른이 되어 결혼할 때까지의 기간을 들려준다. 무기력하고 폭력적인 아버지와 냉담한 어머니. 여동생 로사리오는 지나치게 성숙했고 여러 번 가출을 한다. 뒤 늦게 태어난 동생 마리오의 비극적 죽음.

6장에서 12장까지는 롤라와의 결혼 생활을 들려준다. 행복한 신혼여행이 끝나기 무섭게 파고드는 불행들. 작은 불행들과 그보다 더 큰 결정적인 불행이 빠스꾸알과 롤라가 호흡하는 공기를 적셔간다.

13장에서 16장 사이에 빠스꾸알의 이야기는 보다 극적이면서도 예상할 수 있는 경로-찰스 디킨스가 확보해 놓은 그 경로-를 따라간다. 자신의 이름을 딴 아들이 "사악한 찬바람"을 이기지 못하고 죽자 빠스꾸알은 집을 떠나 마드리드와 꼬루냐를 떠돌며 새로운 삶을 살아갈 것처럼 보이지만 집과 롤라에 대한 그리움을 떨쳐내지 못한다. 귀환과 예상되는 불행. 롤라와 빠꼬 빼레스의 관계. 처음에는 여동생 로사리오를 나중에는 롤라를 건드림으로써 빠꼬는 빠스꾸알 내면에 잠들어있던 악의 본능을 제대로 건드려준다. 롤라의 갑작스런 죽음과 빠스꾸알의 첫 살인. 이 정도에 이르면 독자 역시 불행에 익숙해질 뿐 아니라, 이 비극의 스타일이 낭만주의와 사실주의 소설에서 반복적으로 사용하던 패턴이자, 남편이 집을 비운 사이 아내의 행적에 대한 신화에서 가져온 것임을 깨닫게 된다. (『오디세이아』에서 오디세우스와 뻬넬로뻬는 현대적 판본에 비해 엉뚱하고 훨씬 매력적인 커플이었다.)

17장에서 19장, 살인죄로 3년간 복역한 빠스꾸알이 모범수로 가석방된다. 감방에서 빠스꾸알은 선한 교도소장을 만나 처음으로 자신의 내면과 대화를 나눌 기회를 얻는다. 그러나 교도소 문을 나서는 순간 다시 악의 세계로 내몰리고 마지막을 향해 빠르게 걸어간다. 종말의 순간을 이미 알고 있다는 듯이 빠스꾸알은 서둘러, 무리하게, 과장되게 그곳으로 달려간다.

*

셀라가 보여주는 잔인한 장면들은 불쾌함과 도덕적 수치심을 일으키기는 하지만 전율을 느끼게 하지는 않는다. 이야기가 불러오는 감정의 질은 극단적인 폭과 어울려 우리는 그것을 현실로 받아들이는 데 저항하게 된다. 작가의 고의성이 두드러지기 때문이다. 게다가 현실이 지나치면 초현실적인 색채를 띠게 된다.

빠스꾸알은 왜 살인을, 그것도 세 번씩 저질렀을까? 환경 때문일까? 아니면 악한 천성 때문일까? 『빠스꾸알』은 범죄의 속성을 다룬 소설인가? 다시 말해, 어떤 환경에서도 범죄를 저지를 수밖에 없는 유전적인 성향을 다룬 소설일까? 아니면 셀라는 사회적-역사적 비판을 하고 있는 것일까? 스페인 시민전쟁을 불러온 사회적 모순을 우파적인 관점에서 비판한 것일까? 아니면 스타일 소설, 즉 비평가들이 전율주의(tremendismo)라고 부르게 되는 극단적이고 과장된 이야기 스타일을 쓰고 싶어서?

어떤 질문도 가능하며 어떤 대답도 가능하다. 다만 사회적 관점으로 이 작품을 읽는 것은 현재로서는 별 흥미를 불러일으키지 못하는 것 같다. 디킨스의 『위대한 유산』이나 『올리버 트위스트』는 런던이라는 공간과 19세기 중반의 산업혁명이 없었으면 탄생하지 않았을 것이다. 어쩌면 디킨스는 자본주의의 모순을 발견하고 그런 소설들을 썼을 지도 모른다. 그는 환경이 인간을 어떻게 변화시키는 지를 알려주기 위해 몰두했을 것이다. 마르크스의 지시를 받고 노동자를 구원하기 위해 썼을 지도 모른다. 어떤 독해도 가능하다.

그러나 21세기에도 여전히『위대한 유산』을 읽고 싶다면 그건 디킨스가 마련한 핍이란 인물을 만나기 위해서다. 핍이 삶을 어떻게 꾸려나가는지, 누구를 만나 어떻게 대화를 나누는지, 무엇을 먹고 무엇을 입는지, 사랑을 얻기 위해 힘을 어떻게 발휘하는지, 어떻게 실패하는지, 내면을 어떻게 만들어가고 드러내는지를 겪고 싶은 것이다. 무엇보다 디킨스를 읽을 때 나를 끌어당기는 것은 대화의 리듬과 '심리적 풍경'이다. 같은 매력이 『빠스꾸알』을 읽을 때도 작용한다. 19세기 리얼리즘의 적자로서 셀라 역시 심리적 풍경에 상당한 솜씨를 보여준다. 그것을 통해 셀라는 독자의 마음을 자극하고 감정의 리듬을 통해 독자를 픽션의 세계로 끌어 들인다. 몇 장면을 읽어보자.

빠스꾸알의 고백은 고향 마을과 태어난 집에 대한 아름다운 회상과 함께 시작된다. 젊은 작가가 우리에게 보여주는 첫 문장은 평범하지만 풍경에 빠지기에 충분하다. 화자는 마을의 전체 모습으로 시작해서 광장의 분수와 시청건물에 이어 돈 헤수스의 집-돈 헤수스는 빠스꾸알의 마지막 희생자가 된다-을 묘사한 다음 종탑과 시계탑으로, 그곳으로 매해 날아드는 절름발이 황새로 마무리한다. 이어서 빠스꾸알은 자신의 집을 소개한다. 집의 위치와 크기 그리고 방의 배치를 섬세하게 그려낸 다음, 행복의 장소로 마음에 남아있는 주방을 떠올린다.

> 우리 집은 소나무 숲 끝 지점에서 대략 200걸음 정도 떨어진 마을 밖에 있었습니다. 내 처지에 걸맞은 좁은 단층집이었지만, 정이 들어서 그 집이 자랑스럽기까지 했던 때도 있었지요. (…) 주방은 집에 들어서면 맨 처음에 보이는 곳으로 항상 깨끗하고 우아하게 회반죽이 칠해져있었습니다. 바닥은 맨땅이었지만 조약돌로 무늬를 만들어 제법 잘 다져놓았기에, 현대적 감각을 살리려고 시멘트를 바른 다른 주방에 비해서도 손색이 없었습니다. 부엌은 넓고 탁 트였으며 화덕 주변에는 장식용 도자기들, 파란 칠을 한 기념 항아리들, 파란색 혹은 오렌지색 무늬 접시들을 올려놓은 선반이 있었지요. 어떤 접시들은 한쪽 면이 전부 칠해져 있었고, 어떤 접시들은 꽃이나 물고기가 그려져 있거나 어떤 이름이 쓰여 있었

습니다. 벽에도 여러 가지 물건들이 있었고, (…) 작은 불꽃들이 살아 있을 때 벽에 비친 우리들의 그림자를 바라보는 일은 얼마나 멋졌는지요. 그림자들은 때로는 천천히 또 때로는 장난치듯 깡충깡충 뛰어다녔습니다. 어려서 그것을 무서워했던 것이 기억나는군요. 그런데 성인이 된 지금도 그 무서웠던 기억을 떠올리면 온몸이 떨려옵니다.

마리오의 장례식. 동생의 무덤 위에서 빠스꾸알은 롤라와 사랑을 나눈다. 다정하고 부유하게 보이는 결혼식 묘사가 끝나고 우리는 빠스꾸알과 롤라가 신혼여행을 떠나는 것을 지켜본다. 빠스꾸알은 호텔 방을 묘사하며 그때의 기쁨을 표현한다.

사랑에 빠진 우리는 처음 이틀 동안 단 한 번도 나가지 않았지요. 그 방은 넓고 좋았습니다. 높은 천장은 단단한 밤나무 서까래가 받치고 있고, 바닥은 깨끗하게 포장돼 있었으며, 사용하기에 편리한 가구들이 있었지요. 그 침실에 대한 추억은 진실한 친구처럼 평생 동안 나를 따라다녔습니다. 침대는 내 평생 봐왔던 것 중 가장 격조 있는 것이었는데 세공한 호두나무로 머리맡을 장식하고 세탁한 양털로 만든 쿠션 네 개가 있었고 (…) 키가 큰 중년 부인처럼 배가 불룩한 서랍장도 하나 있었는데 거기에는 금빛 손잡이가 달린 속이 깊은 서랍도 네 개 있었습니다.

빠스꾸알이 살인죄로 3년간 복역하고, 교도소를 나와 집으로 돌아가는 여정. 친치야 역에서 기차를 기다리고 고향 역에 내려 어두운 밤길을 따라 집으로 돌아가는 여정은 빠스꾸알의 긴 내부독백과 함께 한다. 기차역에서의 냉대, 죽은 가족들이 누워있는 묘지, 끈질기게 따라붙는 자신의 그림자, 어머니의 차가운 반응 그리고 에스뻬란사와의 결혼이라는 마지막 행운.

> 한밤중에 그렇게 혼자 마을에 도착하니 마음이 무거웠습니다. 게다가 처음부터 묘지 옆을 지나가니 말입니다. (…) 내 그림자는 항상 길게, 아주 길게 늘어져서 유령처럼 나를 앞서 갔습니다. 그림자는 바닥에 착 달라붙어서는, 길을 따라 곧장 가기도 하고 때로 묘지 담장 위를 올라가기도 하면서 자기가 하고 싶은 데로 갔습니다. 나는 조금 달려보았습니다. 그림자도 달려가더군요. 내가 멈춰 서자 그림자도 멈춰 섰고요. 하늘을 바라보니 근처에는 구름 한 점 없더군요.

*

이번에는 잔인하고 과격한 표현을 살펴보자. 감정에 강력한 리듬을 부여하고 풍경에 심리를 덧입히는 방식은 새로운 것은 아니다. 그것은 독자들을 사로잡기 위해 수많은 소설가들이 쌓아온 것이다. 셀라는 19세기 소설가들, 스탕달과 샤토브리

앙, 발자크와 위고, 디킨스로 이어지는 19세기 픽션의 유산을 가져오며, 거기에 스페인의 직계 선배인 바예-인끌란(Ramón María Valle-Inclán)의 이야기 스타일, 흔히 에스뻬르뻰띠스모(esperpentismo)라는, 육체적 폭력성과 윤리적 불쾌함을 극단적으로 밀고 가는 스타일을 빌려온다. 『빠스꾸알』의 문체를 평가할 때 늘 따라다니는 전율주의(tremendismo)는 에스뻬르뻰띠스모의 또 다른 표현일 뿐이다.

(앞에서 인용한) 고향집 회상이 흘러간 지 얼마 되지 않아 빠스꾸알은 어느 날 사냥을 나갔다가 일어난 일을 들려준다. 암시적이고 위태한, 에스트레마두라 지역의 한적한 마을과 그 마을 한 귀퉁이에 놓인 주방, 그 모두를 회상하는 따뜻한 시선 뒤에는 뭔가 불온하고 터질 것 같은, 부조리하며 악의 감정이 번뜩이는 순간이 찾아온다.

> 어느새 나는 다리 사이에 있는 단발 엽총을 서서히 매만지고 있었지요. 그 개는 마치 한 번도 본 적이 없다는 듯 계속해서 나를 뚫어지게 바라보았습니다. 아니, 무언가에 대해 내게 따지는 듯 했는데, 그 시선은 내 혈관의 피를 뜨겁게 데워 나는 숨이 막힐 지경에 이르렀습니다. 더웠지요. 끔찍하게 더웠고, 내 두 눈은 송곳 같은 그 암캐의 시선에 압도되어 절반쯤 감겨있었습니다. 나는 엽총을 들고 쏘았습니다. 그러고 나서 탄환을 장전하고 다시 쏘았고요. 치스파의 끈적끈적하

고 검붉은 피가 땅을 조금씩 적셔 나갔습니다.

로사리오를 출산한 직후 어머니를 혁대로 구타하는 아버지. 벽장 속에 갇혀 며칠을 지내다 "지옥에라도 들어간 것처럼 두려움에 가득 찬 얼굴을 바닥에 댄 채" 죽어있는 아버지, 그 을씨년스러운 죽음. 셀라는 빠스꾸알이 사랑했던 동생 마리오를 하필 기름 항아리에 빠져죽게 하고, 사소한 말다툼으로 동네친구 사카리아스에게 "세 방의 칼침"을 놓게 하며, 아내를 유산시킨 가상의 용의자로 신혼여행을 함께 했던 암말에게 마구간에서 스무 번 이상 칼침을 놓게 한다.

놈의 가죽은 단단했습니다. 사카리아스의 가죽보다 훨씬 더 단단했지요. 마구간에서 나오니 팔이 쑤시더군요. 팔꿈치까지 피에 젖어 있었고요. 놈은 찍소리도 못했지요. 그저 더 깊이 그리고 더 빠르게 숨을 내쉬기만 했습니다. 마치 수컷이 올라탔을 때처럼 말입니다.

그리고 롤라를 결국 빠스꾸알의 품 안에서 어이없이, 무의미하게 죽게 한다. 뭔가에 끌려서 집을 떠난 빠스꾸알은 마드리드와 꼬류나에서 몇 달 동안 힘든 생활을 한다. 아메리카로 가고 싶었지만 가지 못한다. 어느 날 롤라가 못 견디게 그리워져 고향으로 돌아온다. 롤라가 임신했다는 사실을 알고 '에스

따라오(estirao)' 뻬뻬 로뻬스를 죽일 것을 다짐한다. 참, 에스티라오는 동네의 유명한 건달이자 한때 여동생 로사리오의 껄떡거리는 애인이었다. (부끄러운 줄도 모르고 셀라는 19세기 사실주의 소설의 흔해빠진 플롯을 꺼내온다.)

> 그녀(롤라)는 죽어있었습니다. 머리를 가슴까지 떨어뜨리고, 얼굴을 머리카락에 파묻은 채 그녀는 그 자리에 앉은 채…… 잠시 중심을 잃었다가 곧바로 부엌 바닥에 쓰러졌습니다. 매일 밟고 다니던 돌멩이가 깔린 바닥에 말입니다…….

> 놈(뻬뻬 로뻬스)은 너무 거들먹거렸습니다. 나는 좀 더 힘껏 놈을 내리눌렀죠. 놈의 가슴에서 숯불구이 할 때와 똑같은 소리가 났습니다. ……놈은 주둥이로 피를 토하기 시작했습니다. 내가 일어서자 머리가 한없이 한쪽으로 늘어져 버리더군요…….

주인공의 분노와 함께 여기까지 왔던 독자는 인류가 가장 피하고 싶은 행위, 그래서 신화적인 살인에서만 허용되는 그 행위를 목격하게 된다. 빠스꾸알은 우선 절망의 크기를 들려주고, 증오심의 크기를 들려준 다음, 살인의 기억을-결단과 망설임, 윤리적인 반추와 합리화, 죄와 벌-을 들려준다.

나는 내 그림자가 나 사이를, 내 이름과 나 사이를, 내 기억과 나 사이를, 내 육체와 나 자신 사이를 나누고 싶었습니다. 그림자와 이름, 기억과 육체가 없다면 나 자신은 아무 것도 아닐 테니까요.

그것은 아직 벌어진 일이 아니라는 이유로 피할 수 있는 것이 아니었습니다."
나를 낳았기 때문에 그녀를 용서할 수 없었습니다.

봇물이 터지듯 피가 튀어 내 얼굴을 때렸습니다. 그것은 내장처럼 따뜻했고, 양의 피와 똑같은 맛이었습니다. 나는 그녀를 밀어내고 도망쳐 나왔습니다. 입구에서 마누라와 부딪히는 바람에 등불이 꺼져버렸지요. 나는 들판을 향해 쉼 없이 몇 시간 동안이나 뛰고 또 뛰었습니다. 들판은 시원했고 안도감 같은 기분이 혈관을 타고 흘렀습니다. 그제야 숨을 쉴 수 있게 되었죠…….

*

젊은 셀라는 능숙하게 그 일을 해내고 있는 것처럼 보인다. 여기서 "그 일"이란 전통을 피하거나 전통을 변형시키거나 전통을 수정하지 않고, 이미 익숙한 것을 더욱 익숙하게 하는,

익숙함에 깊이를 더하려는 그것이다. 다만 우리는 그 익숙함 안에서 낯선 인물과 맞닥뜨리게 된다. 우리는 이방인을 만난 것이다. 빠스꾸알의 분노와 여러 번의 살인을 어떻게 설명할 수 있을까? 그렇기 때문에 빠스꾸알을 생각할 때마다 『이방인』의 뫼르소를 떠올릴 수밖에 없다. 우연적이고 또한 필연적이게도 빠스꾸알과 뫼르소는 같은 해에 태어났다. (까뮈는 앙드레 말로의 도움으로 『이방인』을 1942년 갈리마르 출판사에서 출간할 수 있었다.) 뫼르소는 아랍인을 권총으로 쏘았다. 알제 해변에서 뫼르소가 친구 레몽과 함께 갔던 그 해변으로 돌아갈 때, 우리는 "엄마의 장례식을 치르던 그 날과 똑같은 태양"이 이글거리는, 길게 이어지는 심리적 풍경을 만난다. 그리고 해변에 도착했을 때 아랍인이 꺼내든 단도의 긴 칼날이 햇빛을 받아 빤짝거리는 것을 본다. 『이방인』에서 뫼르소는 어머니의 죽음부터 이야기를 시작해서 사형수가 되고, 형이 집행될 때까지의 시간을 들려준다.

셀라보다 3년 전에 알제에서 태어난 까뮈 역시 20대에 첫 소설 『이방인』을 집필했다. 두 작품을 묶어주는 유사성을 어떻게 설명할 수 있을까? (한 가지만은 저지르지 말자. 실존주의라는 틀에 『빠스꾸알』과 『이방인』을 쉽게 묶어버리는 것 말이다.) 까뮈는 1957년에 노벨문학상을 받았고 3년 뒤에 자동차 사고로 타계했다. 셀라는 1989년 노벨문학상을 받았으며 2002년 노환으로 세상을 떠났다.

08

하비에르 마리아스의 『새하얀 마음』

비밀 듣기

단편소설 「내가 살아있는 자였을 때」는 하비에르 마리아스의 소설 세계를 함축적으로 드러낸다. 유령이 된 화자는 살아있을 때는 몰랐던 사실을, 자신의 삶을 결정했지만 비밀로 남겨졌던 것을 알게 된다. 이 단편을 읽고 나면 소설이란 바로 그것, 경험할 수 없고 알 수도 없었지만 우리의 삶에 관여했던 비밀을 듣는 것이 아닐까하는 생각이 든다.

마리아스의 소설은 수 세기 동안 서유럽이 구축한 소설의 전통과 이어져 보편적인 세계를 그려가면서도, 소설이 아니면 불가능한 삶의 비밀을 던져준다. 또한 살인, 자살, 유령 같은 충격을 펼쳐놓고 그 상황과 대화하는 주인공의 의식을 좇아간다. 반복적인 문장과 이미지가 열거되며, 독자는 행위를 따라가다가도 내면에 멈춰진 시간을 경험한다. 그러면서도 환상문학의 초자연적인 세계로 빠져들 여지를 둔다.

*

1951년 마드리드에서 태어난 하비에르 마리아스(Javier

Marías)는 열한 살부터 소설을 쓰기 시작해서 열일곱 살에 단편 「마르셀리노 이투리아가의 삶과 죽음」을 문학잡지에 게재했고, 스무 살에 장편 『늑대의 영토』를 출간했으며, 스물한 살에 두 번째 장편 『지평선의 횡단거리』를 출간했다. (우리는 아버지의 영향력을 생각하지 않을 수 없다.) 마드리드 국립대학 콤플루텐세에서 영문학을 전공했고, 졸업 후에는 3년 동안 바르셀로나의 알파과라 출판사에서 편집자로 일했다.

선택받은 작가들에게는 돌파구로 평가되는 작품이 있기 마련인데, 마리아스에게는 자전적인 소설 『모든 영혼들 Todas las almas』(1989)이 그런 작품이었다. 1990년대에 출판된 장편 『내일 전쟁터에서 나를 생각하라』, 『새하얀 마음』으로 유럽의 지적인 독자들을 사로잡았으며, 단편집 『그녀들이 잠든 동안』과 『내가 살아있는 자였을 때』로 영어권에 알려지면서 세계적인 작가가 되었다.

1979년 로렌스 스턴의 소설 『트리스트럼 섄디』를 출간했고 이것으로 스페인 번역 문학상을 수상했다. 그 후 마리아스는 창작과 번역을 병행하고 있다. 조세프 콘래드와 로버트 루이스 스티븐슨, 토마스 브라운 경과 토마스 하디와 존 애쉬버리 등의 영어권 작가들을 번역했다. (번역가이자 작가의 경우 번역은 창작에 어떤 식으로 개입을 하게 마련이다.)

많은 작품이 셰익스피어와 연결되어 있어 셰익스피어를 다시 읽게 만든다. 예를 들어, 마리아스는 『리처드 3세』에서 유령이 된 클래런스가 리처드 3세에게 하는 다음 대사에서 작품의 제목을 빌려올 뿐 아니라 제사를 가져오기도 한다.

> 내일 전쟁터에서 내가 살아있는 자였을 때
> 나를 생각하고, 너의 녹슨 칼을 떨어뜨려라.
> 내가 네 영혼을 무겁게 내리누르리라.

(단편 「내가 살아있는 자였을 때 Cuando fui mortal」 그리고 장편 『내일 전쟁터에서 나를 생각하라 Mañana en la batalla piensa en mí』의 제목. 『새하얀 마음』의 제목과 제사는 『맥베스』에서 가져온 것.)

작가 스스로 자랑스럽고 동시에 지겨워했을 '철학자 훌리안 마리아스의 아들'이란 수식. 아버지는 웰즐리 대학과 예일 대학에서 강의했고 하비에르는 어린 시절 미국 동부의 지적 전통을 경험했다. 훌리안 마리아스는 호세 오르떼가 이 가세뜨의 제자였고, 오르떼가의 저서 중에는 『돈키호테 성찰』(1925)이라는, 소설의 진화를 다룬 책이 있다. 훌리안 마리아스는 스승이 세상을 떠난 후 『돈키호테 성찰』을 푸에리토리코에서 자신의 평론을 담아 재출간했다. (스승처럼 훌리안 마리아스 역시 좌파 지식인으로 프랑코 시대 스페인에서 활동에 제한을 받았다.) 웰즐리 대학에서는 같은 교수아파트에 블라디미르 나보코프도 살고 있었다. 나보코프는 이 대학에서 교양과목으로 『돈키호테』를 강의하기도 했다. (그때의 강의록은 사후에 출판되었다.) 하비에르 마리아스 역시 나중에 웰즐리 대학과 옥스퍼드 대학에서 『돈키호테』를 강의했다. 그렇게 보면 이 정황의 중심에는 세르반테스의 『돈키호테』가 있는 셈이다. (세르반테스는 죽었고 작품이 남아 그들을 엮어주었다는 식으로 생각해보자.)

1996년에 출간된 『새하얀 마음』은 하비에르 마리아스의 여섯 번째 장편소설로, 독자는 마리아스 스타일의 '의식의 흐름'에 들어서게 된다. 통속적인 플롯, 여러 개의 러브스토리, 배반과 살인 그리고 비밀에 대한 완강한 저항을 읽으며, 그 수면 밑을 흘러가는 의식의 형태, 아름답고 시적이며 한 번도 소설로 형태화되지 않은 문장들을 읽게 된다. 그리고 예민한 독자들은 작품의 창틀을 구성하는 '메타픽션 플레이'를 포착한다. 제사와 함축적인 첫 문장, 불안정한 화자와 불완전한 언어 그리고 비밀과 기억으로서의 삶.

*

제사(題詞, epigrafía)는 작품과 연관된 혹은 작품을 상징하는 글을 작품 앞에 적은 것이다. 하나의 단어일 수도 있고 몇 개의 문장일 수도 있으며, 때로는 한 편의 시가 그 자리를 차지할 수도 있다. 죽은 자의 삶을 몇 개의 단어로 요약할 수 있다는 듯 우리는 돌에다 뭔가를 새겨둔다.

“원수를 갚는 것은 내가 할 일이니, 내가 갚겠다.”(로마서 12장 19절) 톨스토이의 『안나 카레니나』의 제사이다. 애매하며 포괄적이다.

제임스 조이스는 『젊은 예술가의 초상』을 위해 오비디우스의 『변신』의 한 문장을 가지고 온다. “그리고 그는 미지의 기술에 마음을 쓰고자 한다.” 뻔히 의도가 보이는 예다.

“사람들은 눈으로 봤다는 듯이 거짓말한다.” 『내 말 좀 들어봐』에서 줄리안 반스는 그렇게 러시아 격언을 떠올린다.

독자는 작품을 읽어가며 제사로 돌아가 그 뜻을 생각해볼 수 있다. 예민하거나 욕심 많은 독자들은 그렇게 한다. 그런 경우에도 제사가 작품으로 침투해서 이야기를 지배하고 자신의 지분을 요구하는 경우는 드물다.

앞에서 말한 것처럼, 『새하얀 마음』의 제목과 제사는『맥베스』에서 가져온 것이다. 던컨 왕을 살해한 맥베스의 두 손은 피로 젖는다. 던컨의 아내는 그 피를 잠든 하인들의 얼굴에 뿌린다. 두려움에 떨고 있는 맥베스에게 그녀가 한 대사가 바로 이것이다.

> 내 두 손은 당신과 같은 색깔이에요,
>
> 그러나 저는 새하얀 마음을 가진 게 부끄러워요.
>
> My hands are of your colour

but I shame to wear a heart so white.[16]

우리는 이 대사의 의도를 분명하게 짚을 수 없다. 맥베스는 약하고 맥베스의 아내는 강하게 보인다. 던컨 왕을 살해하려는 사악한 마음을 그는 쉽게 받아들이지 못하고 맥베스의 아내는 쉽게 받아들인다. 2막 2장에서 맥베스의 아내는 약한 맥베스에게 공포를 불어넣고 그것이 그를 움직이게 한다. 맥베스의 아내는 들었다는 것만으로 살인의 공모자가 된다. 살인자의 공포는 듣는 것이다. 듣는 것은 아는 것이고, 아는 것은 두려움을 갖는 것이다. 셰익스피어가 던진 미스터리를 풀기 위해 독자들은 마리아스의 소설을 면밀하게 검토할 수밖에 없다. "새하얀 마음"은 무엇이며, 왜 부끄럽다는 것인가? 맥베스의 아내가 새하얀 마음을 부끄러워 한 것은, 맥베스가 살인을 했기 때문인가? 아니면 살인에 대해 들었기 때문인가? 『새하얀 마음』에서 제사는 작품에 대한 상징으로 끝나지 않고 메시지를 요약하며 본문에서 여러 번 반복된다. 다시 말해 제사가 커다란 비중을 차지하고 작품 전체를 지배하는 것이다.

또한 첫 문장이 빛을 내는 소설이 있다. 어떤 핵심적인 의

---

16 "Mis manos son de tu color
pero me avergüenzo de llevar el corazón tan blanco."

미나 상징을 내포할 수도 있지만, 오래된 격언처럼 문장 자체가 독자들의 머리에서 벗어나지 않는 경우도 있다. 가장 잘 알려진 예는 레프 톨스토이의 『안나 카레니나』.

> "행복한 집은 모두 그 모습이 비슷하고, 불행한 집은 제각각의 불행을 안고 있다."

프란츠 카프카는 『변신』을 이렇게 시작한다.

> "그레고르 잠자는 어느 날 아침 뒤숭숭한 꿈에서 깨어났을 때, 자신이 보기 흉한 한 마리 벌레로 변했음을 발견했다."

어쩌면 카프카는 불면의 시간을 보낸 뒤 꿈속에서처럼 그 문장이 떠올랐을 지도 모른다.

> "그 일은 잘못 걸려온 전화로 시작되었다."

폴 오스터의 『유리 도시』 첫 문장이다. 우연의 미학은 그렇게 몇 개의 단어로 시작된다. 작품을 다 쓰고 나서 첫 문장을 그렇게 쓸 수도 있고, 보다 문학적인 상황은 그런 글이 고요한 수면 위로 튀어 올랐다 사라지는 물고기처럼 아무런 이유 없이 작가를 사로잡는 것이다. 하나의 문장에 사로잡혀서 예기치 않았던 모험을 떠나고 방대한 분량의 작품이 그 글의 변론이 되는 것이다.

> 그 일에 대해 나는 굳이 알고 싶지 않았지만 결국 알게 되었다. 그 집의 딸들 중 하나가 더 이상 어린애가 아니었고 신혼여행에서 돌아온 지 얼마 되지 않았을 때, 욕실에 들어가 거울 앞에 서더니 블라우스를 열어젖히고 브래지어를 벗은 뒤 자기 아버지의 권총으로 심장을 겨누었다. 그때 그녀의 아버지는 손님 세 명과 다른 가족들과 함께 식당에 있었다.[17]
> (No he querido saber, pero he sabido que una de las niñas, cuando ya no era niña y no hacía mucho que había regresado de su viaje de bodas, entró en el cuarto de baño, se puso frente al espejo, se abrió la blusa, se quitó el sostén y se buscó el corazón con la punta de la pistola de su propio padre, que estaba en el comedor con parte de la familia y tres invitados.)

일인칭 화자 후안 란스가 이야기를 들려준다. 후안은 태어나기 전에 벌어진 사건을 알게 된다. 원하지 않았지만, 아버지와 자신에 얽힌 사랑과 배반, 살인과 비밀을 듣게 된다. 그래서

---

17 『새하얀 마음』의 모든 번역은 문학과 지성사 판(김상유 번역)을 인용한 것이다.

알게 된다.

이렇게 제사와 첫 문장을 읽으며 독자는 듣는 행위와 아는 행위의 미스터리를 접하게 된다. 물론 대부분의 독자는 처음부터 두 행위에 집중하지는 않는다. 작품을 읽어갈수록 두 행위는 반복적으로 여러 형태를 띠고 나타난다. 그래서 몇 번은 제사와 첫 문장으로 돌아가서 다시 읽어보게 되는 것이다.

*

비밀은 말하지 않았기 때문에 비밀일 수도 있지만, 말했기 때문에 비밀일 수도 있다. 어느 순간 밝히지 않으면 누구도 그것이 비밀임을 모를 테니까. 비밀은 그래서 아이러니에서 벗어나는 법이 없다. 당신에게는 얼마 전 결혼한 아내 혹은 남편이 있다. 어느 날 그녀 혹은 그가 침대에서 잠든 채로 세상을 떠나고 비밀은 태어난다. 당신의 아내 혹은 남편이 당신에게 뭔가를 들려준다. 비밀이 입에서 나와 바람을 타고 귀에 스며든다.

신혼여행에서 다녀온 지 얼마 되지 않아 새로운 생활에 적응하기도 전에 (아니면 적응을 원치 않아하는 사이에) 후안은 아버지의 첫 아내였던 떼레사 아길레라가 신혼여행 직후 자살했다는 사실을 듣게 된다. 이때부터 결혼 생활에 대한 "재앙의 전조"를 느끼며, 자신의 출생에 비밀이 존재할 수도 있다는 의심을 품는다. 후안은 그 비밀을 탐색하기를 원치 않는다. 그는 덮

어두고 싶어 하며 '알지 않기(no saber)'를 원한다. 듣는 것은 위험한 것이며, 일단 들은 것은 지워지지 않기 때문이다.

여기서 『새하얀 마음』의 스토리를 요약해보자. 한 편의 소설을 읽고 스토리를 요약하다보면 또 하나의 소설을 쓰게 된다. (독자마다 다르게 이야기를 전하며, 같은 독자들도 몇 년 후에는 다르게 요약할 것이다.) 플롯이 뚜렷할수록 원작에 가깝게 이야기할 수 있다. 『새하얀 마음』에서 플롯은 희미하며 그마저도 중간중간 끊어진다.

1. 통역사인 나, 후안 란스가 통역사인 루이사와 결혼을 한다. 아버지는 결혼식 날 이런 말을 내게 던진다. "비밀이 있거나 비밀이 생기거든 절대 말하지 마라." (아버지는 비꼬는 말투로 그렇게 말한다.)
2. 쿠바 아바나에서의 신혼여행. 옆방의 연인들의 대화를 듣고, 나는 결혼에 대해 불길한 전조를 느낀다. "당신 아내를 죽여!"
3. 결혼 전에 나는 이모 떼레사 아길레라가 자살했다는 사실을 들었다. 아버지가 이모와 결혼했었고, 그 후 내 어머니와 결혼했다는 것이다.
4. 결혼 후, 나는 이모에 대해 보다 구체적인 이야기를 듣는다. 처음에는 회화복원전문가인 꾸스따르도이가 다음에는 비야로보스 교수가 들려준다. (회화복원전문가는 이

야기 복원에도 전문가인가? 아니면 통역사처럼 들은 이야기를 복원하는 전문가인가?) 원래 비밀이 아니었던 그것은 들을수록 비밀의 형태를 띤다. 그들은 아버지와 친분이 있는 사람들이며, 마치 아버지로부터 사주를 받은 듯이 이야기의 깊이를 더해준다.

5. 통역 출장에서 하루 일찍 돌아온 나는 이층 침실에서 잠이 든다. 잠에서 깨어난 나는 아버지와 아내 루이사의 대화를 엿듣게 된다. 아버지의 비밀을 원하지 않았지만 듣게 된다.

더구나 불안정한 화자가 이야기를 들려준다. 건강하고 확고한 기억을 가진 화자였으면 좋았으련만 (어쩌면 통역사란 직업을 가진 덕에) 세상을 표현하는 언어와 그것을 수용하고 기억하는 의식에 의심을 품는다. 언어는 상황과 감정을 객관적으로 포착하지 못한다. 독자가 접하는 것은 의식이 흔들리는 화자의 독백과 왔다갔다는 상념들이다. 독백과 상념들은 의식에 너무 깊게 구멍을 파고 또한 구멍을 넓혀놓는다. 독자는 화자가(그리고 마리아스가) 펼쳐놓는 언어의 강에 빠져서 함께 어딘가로 흘러간다. 한번 그 흐름에 휩쓸리면 플롯의 흐름은 부차적인 것이 되고 자주 앞으로 돌아가 뭔가를 확인하게 된다.

예를 들면, 후안은 신혼여행에서 겪은 작은 사건에 대한 기억을 들려준다. 쿠바 아바나의 세비야-빌트모어 호텔에서 루이사는 아파서 침대에 누워있고 후안은 발코니에서 밖을 내다보다 한 여자가 호텔 앞 대로에서 서성이는 것을 우연히 발견한다. 그 장면 묘사에서 우리는 『새하얀 마음』을 지배하는 화자의 흔들리는 의식을 경험하게 된다.

> 그녀는 힘겹게 천천히 걸었다. 마치 하이힐에 익숙하지 않은 것처럼, 혹은 그녀의 건장한 다리가 하이힐을 신기에 적합하지 않은 것처럼, 혹은 핸드백 때문에 균형을 잃은 것처럼, 혹은 어지러움을 느끼는 것처럼, 그녀의 걸음걸이는 루이사가 몸이 좋지 않아 침대에 눕기 위해 호텔방에 들어올 때 걷던 걸음걸이와 비슷했다.

이처럼 판단은 지속적으로 유보되는 것이다. 한 가지 판단에 고착되고 싶은데, 의식의 힘이 그것을 허용하지 않는다. 후안은 그 의식의 형태를 들려준다. 예를 들어, 집에서 일을 시작하려는 순간 후안은 배럴오르간 소리에 방해를 받는다. 그는 돈을 주고 늙은 집시 남자와 집시 여자를 다른 곳에서 연주하도록 한다. 후안은 돈과 자신의 행동에 대해 생각을 이어가며 후회와 자책을 통해 그것으로 말을 만들고, 만들어진 말은 또 다른 후회를 만들어낸다. 그 일이 있은 지 얼마 뒤 후안은 이렇게 자책에 빠진다.

> 나는 오늘 두 가지를 깨달았다. 비교적 덜 심각한 첫 번째 것은 일단 그들에게 돈을 주고 거래를 맺은 이상 그들에게 굳이 강요하지 말았어야 했다. '하지만 다른 모퉁이로 가야 하오. 알겠소?'라고 재차 말하지 말았어야 했다. 그들이 약속을 지키지 않을지도 모른다고 지레 짐작을 한 것이다. (…) 어쩌면 다른 모퉁이가 아니라 내 집 모퉁이에 있을 만한 이유가 있었을 것이다. 그런데도 나는 그런 걸 걱정도 하지 않았고, 이유를 알아보려 하지도 않았다. (…) 그건 심각한 일이 아니다. 아주 소소하면서도 무의미한 사건이며 그 누구에게도 해를 끼치지 않았다. 더구나 그것으로 모두 다 이득을 얻게 되었다. (…) 그렇더라도 내가 그들을 샀고 그들의 발걸음을 결정했다. 혹은 내가 가라고 한 모퉁이에서 중심을 잃고 인도를 침범한 화물차가 그를 치었을 수도 있다. 구릿빛 남자가 선택한 첫 번째 모퉁이에서 계속 머물렀다면 그는 무사했을 것이다.

'아리아와 변주곡'처럼, 하나의 주제는 여러 개의 소주제들로 변주되고 확장되는 것이다. 일인칭 화자가 보여주는 이런 의식의 비결정성은 작가가 고의적으로 배치한 것이다. 그러나 도입부에서의 화자는 그렇지 않았다. 후안은 이모 떼레사 아길레라의 자살 장면을 묘사한 후에 이어지는, 사람들의 태도와 반응을 묘사한다. 그것은 너무 철저해서 시간이 멈추어있어야

가능하다. 화자는 각 사람을 찾아다니며 그들의 반응을 우리에게 들려준다. 절박한 상황과 느리고 세부적인 묘사의 대립!

> 그때 그녀의 아버지는 손님 세 명과 다른 가족들과 함께 식당에 있었다. 그 딸이 식탁을 떠난 지 5분 정도 지나 총성이 들렸을 때, 아버지는 곧바로 일어서지 않았다. 그는 음식을 입에 한가득 물고는 씹지도 삼키지도 못했고, 더구나 접시에 음식을 뱉을 생각도 못한 채 잠시 멍하니 있었다. 그러다가 마침내 그는 자리에서 일어나 욕실로 달려갔고, 뒤따라간 사람들은 그가 피투성이가 된 딸의 시신을 발견하고는 두 손으로 머리를 감싸면서 여전히 입 안의 고깃덩이를 어찌해야 할지 모른 채 입 안 한쪽에서 반대쪽으로 옮겨 무는 모습을 보았다. (…) 또 다른 딸인, 딸의 동생은 사춘기 이후로 변화된 언니의 가슴을 분명 보았고, 그 뒤로도 그랬을 것이다. 그녀는 죽은 언니의 몸에 가장 먼저 손을 댄 이였다. 그녀는 수건(그녀 자신이 즐겨 사용하던 연한 푸른 색 수건)으로 땀과 물로 뒤범벅이 된 언니의 얼굴에서 눈물을 닦기 시작했다. (…) 손님 중 한 명은 멀찍이서 거울에 비친 자신의 모습을 쳐다보고는 순간적으로 머리칼을 매만졌다. 그러는 동안 바닥에 떨어진 피와 물(땀이 아니었다)을 볼 수 있는 충분한 시간적 여유가 있었다. 따라서 거울을 통해 바라보는 대상이 자기 자신이건 아니건 상관없었다. (…) 비록 그들 중 한 명(거울에

비친 사람)은 의사였기에 당당하게 사람들을 제치고 들어가 그 딸의 몸을 살펴보거나, 적어도 바닥에 무릎을 꿇고 그녀의 목에 손가락을 대어보는 게 당연했음에도, 그는 그렇게 하지 않았다. (…) 두 딸에 비해 꽤나 어린 아들이 그에게 다가왔지만, 아들이 할 수 있었던 것은 아버지의 재킷 자락을 잡는 것에 불과했다. (…) 어디선가 휘파람 소리가 약하게 들렸다. 가겟집 배달 소년이었다. 그 소년은 이따금 배달을 늦게 해서 식사를 하는 도중에야 주문한 물건을 가져오곤 했는데, 그가 물건을 내리던 와중에 총성이 울렸다. (…) 반면 가족이나 마찬가지인 그 집 요리사 아주머니는 한 발은 욕실에 또 다른 발은 욕실 밖에 둔 채 앞치마로 두 손을 닦고 있었다. 아니 어쩌면 앞치마로 성호를 긋는 것일 수도 있었다. 총성이 울리던 순간에 하녀는 갓 내온 빈 접시들을 주방 부속실의 대리석 탁자 위에 내려놓았었다. 그래서 그녀는 동시에 울린 시끄러운 접시 소리와 총성을 혼동했다. (…) 그것은 의사 아내의 잔이었는데, 그녀는 술을 급하게 마시곤 했다. 아이스크림 케이크가 어떻게 녹기 시작하는지 잠시 바라보고는 여전히 결정을 내리지 못하고 있던 와중에 하녀는 현관문의 초인종 소리를 들었다. (…) 그 집 장남과 얼마 전 신혼여행에서 돌아온 사위가 동시에 들어왔기 때문에 누구에게서 풍기는 것인지 알 수가 없었다. 아마도 그들은 길거리나 현관 앞에서 만난 모양이었다. (…) 그때 하녀는 가겟집 소년이 분명 자신을 찾고자 휘파람을 불면서 주방에서 식당으로 가는 모습을 흘낏 곁눈질로 보았다. 하지만 하녀는 너무나 놀란 나머지 소년을 부르거나 야단치거나 신경을 쓸 여유가 없었다.

문학적 감각이 뛰어난 독자라면 이 첫 부분을 다시 떠올릴 수밖에 없다. 유독 여기서만 화자는 (또렷한 의식을 가지고) 전능한 화자가 되어 자신이 보지도 듣지도 못한 것을 묘사하고 있기 때문이다. 사람들의 세부적인 움직임을 어떻게 알 수 있었을까? 마리아스는 이렇게 말하는 듯하다. "왜냐하면 듣는 사람은 들은 것보다 더 많은 것을 알기 때문에."

당신이라면 어느 쪽이 당신이 실제 경험하는 자아인가? (당신은 선택하지도 않았는데 주어진 자아 안에서 세상을 보고 그것을 자신이라고 여긴다.) 전능한 화자로서의 자아인가 아니면 흔들리는 화자로서의 자아인가?

*

앞에서 우나무노와 셀라의 소설을 다루며, 우리는 스페인 소설 특유의 자기반영적인 전통을 공유한 적이 있다. 근대소설의 여명기에 세르반테스는 현실반영적인 모범소설과 자기반영적인 『돈키호테』를 함께 썼다. 초기 몇 편의 작품을 제외하면, 대부분의 마리아스 소설 역시 자기반영적인 색채를 띤다.

주인공이 통역사인 덕분에 독자는 통역에 대한 몇 가지 에피소드를 듣게 되고, 통역 행위에 대해 깊이 생각할 기회를 얻는다. 그리고 아버지 란스가 프라도 미술관에서 일한 경력이 있고 미술품에 대한 상업적인 안목을 가진 사람이어서 독자는 또한 그림에 대해 흥미 있는 이야기를 들을 수 있다. 사라진 그림과 아버지가 소유한 그림이 같다는 듯한 말투, 프라도 미술관 전시실 경비원이 렘브란트의 <아르테미스>를 태울 뻔한 이야기. (대형 미술관을 둘러본 독자라면 한번쯤 그런 질문을 하게 된다. 전시실 경비원은 어떻게 권태를 이기고 있는 것일까?) 그리고 회화복원 기술과 걸작의 복제화 사이의 경계.

플롯의 미로를 따라, 독자는 산만하고 갈라지는 이야기를 듣고 다시 핵심 이야기인 비밀로 돌아오곤 한다. 책을 관통하는 대로가 있고, 그 사이사이에 수많은 골목길이 이어져있는 흔한 길을 떠올려보자. 독자는 서스펜스라는 우산을 쓰고 비가 오는 대로를, '아버지의 비밀'이라는 대로를 관통하며, 가끔은 옆길로 빠져 골목을 헤매다가 다시 대로로 들어서 원래 방향으로 나아가는 것이다.

그러면서도 통역 행위와 비밀 듣기는 바로 '소설이란 무엇인가?'라는 질문의 은유가 아닐까하는 메타적인 명상을 하게 된다. 이렇게 따져보면 어떨까. 통역은 들은 것을 다시 전하는 것이다. 비밀 듣기는 모르는 것을 알게 되는 것이다. 소설은 독자가 아는 것을 다시 들려주는 것이고, 소설은 독자에게 비밀을 들려주는 것이다. 마리아스는 소설이 바로 그런 것이라고 주장하는 듯하다.

통역 에피소드에서 후안은 통역사가 겪을 만한 흥미 있는 이야기를 소개한다. 우리는 후안과 루이사가 처음 알게 되는 이야기를 들으며, 사이사이에 배치된 통번역에 대한 에세이를 듣는데, 이 부분은 『새하얀 마음』에서 아이러니가 가장 노골적으로 들어가는 부분이기도 하다. 독자는 동시통역과 순차통역, 통역부스와 마이크의 위력, 통역사와 번역사의 갈등, 통역에 사용되는 토픽과 어휘의 어마어마한 양 등등에 대한 열거를 듣는데, 화자의 말투에는 유머와 빈정거림, 우쭐댐이 뒤섞여있다.

> 연설이나 발표의 번역가나 통역사로 일하는 것은 무척이나 지루한데, 전형적인 특수용어나 좀처럼 이해할 수 없는 용어들 때문이다. (…) 또한 베네치아 방언으로 아이들의 성교육을 시키는 것의 유용성과 모멸감에 대한 어려운 문제를 통역했고, 남아프리카공화국 군수 회사 암스코어가 생산하는 어마어마하게 비싸고 치명적인 무기에 재정 지원을 계속할 때의 수익성에 대해서도 통역했는데 이미 그 무기들은 수출이 거의 불가능했다 (…) 아랍에미리트의 축구 기반이라든지, 불가리아 해군의 사기 전하라든지, 몇 년 전 런던데리 시장이 내린 명령으로 시신 매장이 금지된 기이한 사건 등을 말이다.

이렇게 해서 독자는 통역 행위가 겪는 방대한 영역과 그 영역의 산문적인 방만함에 대해 알게 된다. 그리고 화자가 농담을 던지고 있다는 것도 알게 된다. 이어 화자는 번역 행위에 대해 역시 빈정대는 투로 서술한다.

> 왜냐하면 그들의 정부 수반이나 당국자, 대사나 대리인들이 그들에게 임무를 부여했기 때문이었다. 그런 기관에서 유일하게 실제로 기능을 발휘하는 것은 번역임에 틀림없다. 더 나아가 그런 기관에는 약간은 병적이기도 하고 약간은 고질적인, 옮겨 적는 것에 대한 열정이 제대로 존재한다. 왜냐하면 그 기관에서는 (회의나 의회에서) 어떤 발언이나 어떤 문서라도, 다루는 것이 무엇이든 간에 근본적으로 누구에게 해당되든 간에, 목적이 무엇이든 간에 (그것이 비밀일지라도), 만일을 대비해서 다양한 언어로 즉시 번역되기 때문이다.

마리아스는 통역의 여러 예를 들며 독자에게 아이러니의 창을 들이밀고 있는 것이다. 영국연방 국가들의 회의에서 벌어진 호주 출신 발표자의 해프닝은 통역이 갖는 제의적(祭儀的) 성격을 경쾌하게 엮어낸 것이다. 모든 회의 참석자들이 영어권이었기 때문에 회의는 통역 없이 진행된다. 호주의 플랙스맨이라는 참가자는 통역이 없는 상황에 당황하고 호주영어 사투리를 쓰면서 천박한 말을 쏟아낸다.

> 통역 부스도 비어 있고 아무도 귀에 이어폰을 끼지도 않고 여느 때와 마찬가지로 자신의 마이크가 그들의 아주 편안한 좌석까지 직통으로 연결되어 있지도 않다는 사실을 무례하다고 간주했다. (…) 마침내 관례에 따라 통역사가 자신의 연설을 통역 부스에서 통역하고 있는 모습을 본 플랙스맨이라는 대표자는 곧바로 마음을 가라앉히고는 자신의 일상적이고 중립적이고 어느 정도 정확한 연설로 되돌아갔다. (…) 신기한 사실은, 모든 회의 참가자들이 직접 듣는 것보다 이어폰을 통해 듣는 내용을 더 신뢰한다는 것이다. 즉 본인이 듣고 있는 언어를 완벽하게 이해할 수 있음에도 말하는 사람(같은 말이지만 더 더듬거린다) 보다는 통역사들을 더 신뢰한다는 말이다.

이 상황은 표층적으로는 국제회의에서 통역의 권위를 나타내며, 통역사와 통역에 동반되는 시각적 장치들이 발언자들에게 미치는 영향을 드러낸다. 통역은 이제 두 가지 언어 사이를 의미적으로 연결하는 소통의 장치일 뿐 아니라, 소통 가능성에 대한 제의적 가치를 띠게 된 것이다.

한편, 통역 에피소드에서 독자는 작가의 입장에서 소설 쓰기와 통역의 관계를 생각해 볼 수도 있다. 그렇게 되면 마리아스가 소설가이며 또한 번역가라는 사실을 떠올리게 된다. 이렇게 두 가지 작업을 수행하는 (예를 들어 아침에 소설을 쓰고 오후에 번역을 하는) 작가에게, 번역이 창작에 어떻게 반영되고 어디까지 창작에 간섭할지에 대한 질문은 복잡한 주제가 될 것이다. 한 가지는 분명해 보이는데, 그런 작가에게는 창작이 번역의 일부가 되거나 동일시될 수 있다는 것이다. 그렇게 보면 모든 창작은 다른 작가를 번역하거나 자신의 작품을 번역하는 것을 의미하게 되며 독서 역시 번역 행위로 생각할 수 있다. (번역의 자동성 즉 원문을 그대로 옮기는 것이 불가능하듯이, 독자의 해석 역시 피할 수 없는 것이다. 「돈키호테의 저자, 삐에르메나르」에서 보르헤스는 번역이 지니는 필연적인 허구성, 세르반테스의 『돈키호테』와 똑같은 텍스트의 모사를 시도했던 삐에르메나르가 독서 혹은 번역의 자동성에 도달할 수 없음을 보여준다. 보르헤스가 고찰하고 있는 것은 삐에르메나르라는 번역자/작가의 등식보다는, 삐에르메나르라는 독자/2차 작가의 등식에 관한 것이다. 모든 작가는 일차적인 독자이며, 독서는 작품을 텍스트로 재구성하는 주체가 된다. 창작을 다시쓰기 혹은 차용으로 인식하는 자세는 포스트모더니즘 예술의 핵심으로 작용했고, 현재로서는 너무나 오래되고 고착화된 것이다.)

*

처음에 다뤘던 단편 「내가 살아있는 자였을 때」로 돌아가 보자. 소설가로 보이는 주인공이 등장하는데, 유령이 된 그는 살아있을 때는 알 수 없었던 사실을 인식하며 그에 따른 고통을 이야기한다.

> 그러나 기억한다는 것보다 더 큰 고통은 내가 살아있는 자였을 때 보고 듣고 알았던 것만 기억하는 것이 아니라는 것이다. 보지 못하고 알지 못했으며 듣지도 못했던 것을 기억하기 때문이다. 내 삶에 영향을 주고 내 삶에 형태를 주었지만, 내가 감지하지 못했던 것, 내가 손을 뻗어 잡을 수 없었던 것까지 기억하기 때문이다.

소설은 경험하거나 인식하지 못했지만 존재하며 삶을 지배했던 것을 알게 하는 것일까? 소설은 존재론적인 비밀을 드러내고, 소설가는 유령이 되어 그 비밀을 우리에게 들려주는 사람일까? '죽어서 알게 되는 비밀'이라는, 「내가 살아있는 자였을 때」의 모티프는 『새하얀 마음』에서는 '살아서 알게 되는 비밀'이라는 모티프로 대체된다. 후안의 서술과 독백을 차례로 들어보자.

> 아버지는 떼레사 이모가 자신과 결혼했었다는 사실을 감춘 적이 없었다. 나는 그들의 결혼이 아주 짧은 기간 유지된 것은 이모의 때 이른 죽음 때문이라는 사실만 알고 있었다. 하지만 아주 오랫동안 그 죽음의 이유는 몰랐다(묻지도 않았다).

그리고 그로 인해 우리는 소설과 연대기를 읽고 영화를 보는 것일 수도 있다. 유사성을 찾고자, 상징을 찾고자, 지식이 아니라 인식을 찾고자 말이다. 이야기하는 것은 바꾸는 것이다. 사건에 대해 이야기하는 것은 사건을 바꾸고 왜곡하며 부정하기까지 한다. 이야기되는 것은 모두 사실일지라도 비현실적이고 유사한 것으로 변한다. 진실은 존재했거나 발생한 사실에 달려있는 것이 아니라 계속 감춰져있고 알려지지 않고 이야기되지 않는 것에 달려있다.(…) 흔히 하는 말처럼 진실은 절대로 찬란히 빛나지 않는다. 왜냐하면 유일한 진실은 접하지 못한 것이고 전해지지 않은 것이다. 또한 말이나 영상으로 번역되지 않은 것이며 덮여있고 조사되지 않은 것이다. 어쩌면 그래서 아무것도 일어나지 않도록 하기 위해 그토록 이야기를 하는 것이고 전부 다 털어놓게 되는 것일 수도 있다. 일단 이야기를 시작하면 말이다.

국제회의 통역 때문에 나는 집을 떠나 뉴욕 혹은 브뤼셀에서 오래 동안 머무는 생활을 한다. 신혼인데 나는 집을 비워야 하고 신혼이기 때문에 집의 내부는 채워지고 변해간다. 나의 취향이 아니라 아버지 란스의 취향으로. 회화전문가인 아버지는 한때 프라도 미술관에서 일을 했다. 어릴 때 아버지는 거래자들을 어떻게 다루고 어떻게 속이는지를 자랑스럽게 말하곤 했다. 내가 집을 비운 사이 아버지는 내가 살았던 집에 걸려있던 부댕과 마르띤 리코의 그림을 우리 부부가 사는 집 벽에 걸어놓았다. 직업의 필요 때문에 아버지에게는 그림 전문복원사와 친하게 지낸다. 꾸스따르도이의 아버지가 그런 사람이었고 지금은 꾸스따르도이가 아버지와 함께 일을 한다. 어느 날 꾸스따르도이는 아버지가 내 이모와 결혼하기 전에 결혼한 적이 있을 지도 모른다고 말한다. 아버지는 한때 쿠바에서 사업을 했고 그 때 쿠바 여자와 결혼한 적이 있다는 것이다.

어느 날 아버지의 친구인 비야로보스 교수가 나와 루이사를 저녁에 초대했다. 의도하지 않았지만 비야로보스 교수는 나에게 이모의 자살에 대해 자세하게 들려준다. 왜냐하면 비야로보스의 아버지와 내 외할아버지가 친구였고, 이모가 자살할 때 집에 초대된 세 사람 중의 한 사람이었기 때문이다. 그때 나는 이런 생각을 하지 않을 수 없었다. (…) 아버지가 몇 달 전에는 꾸스따르도이를 보냈고 지금은 비야로보스를 보내 내게 어느 정도 수준까지 그 사실을 알리고자 했다고 말이다. 어쩌면 이제 내가 처음으로 결혼했으니까 그럴 수도 있겠다.

이제 아버지 란스가 말을 할 차례가 다가온다. 그가 비밀을 털어놓지 않는 한 이야기는 끝나지 않을 것이다. 그리고 그는 비밀을 털어놓는다. 루이사에게 후안에게 그리고 우리에게. 통역 일로 런던에서 며칠을 보낸 후 후안은 예정일보다 하루 일찍 집에 도착한다. 집에는 아무도 없고 그는 이층 침실로 들어가 짐을 정리하고 침대에 누워 잠이 든다. 밤은 깊어가고 어느 순간 반수면 상태에서 후안은 아래층에서 들려오는 익숙한 목소리를 듣는다. 아버지 란스와 루이사의 대화를 듣는다. 후안은 일어나 침대 귀퉁이에 앉아 어둠에 휩싸인 채 그 목소리를 듣는다. (예전, 신혼여행에서 옆방의 대화를 듣던 것처럼 듣고, 그때처럼 침대 가장자리에 앉아 듣는다.)

소설에 대한 하비에르 마리아스의 생각을 소개하며 글을 마친다.

> 미래는 불확실하고 유동적입니다. 과거는 이미 지나갔고 정해진 것이며 변할 수 없는 것입니다. 벌어진 것은 벌어진 것이고 벌어지지 않는 것을 벌어지지 않은 것입니다. 그러나 그 행동을 번역하는 말은, 그걸 말하는 사람과 그걸 듣는 사람에게 과거는 미래만큼이나 유동적이며 변화될 수 있습니다. 그 번역된 과거가 (비밀이 되어) 현재에 도착해서 현재를 강요합니다. 벌어진 일은 벌어지지 않은 것과 같고 벌어지지 않은 것은 벌어진 것과 같습니다. '픽션의 자의식'이라는 측면에서, 소설을 읽는 것은 누군가의 과거를 읽는 것이며, 그/

그녀가 어둠 속에서 속삭이는 비밀을 읽는 것입니다. (아니면 그/그녀가 밝은 무대 위에 서있고 우리가 어둠 속에 싸여있을 수도 있습니다.) 소설의 세계에서 독자는 그/그녀가 번역한 과거를 읽고, 자신의 현재를 번역합니다.

로물로 가예고스 문학상 수상 연설

포크너는 언젠가 이런 글을 썼습니다. '당신이 야생의 어둠 속에서 성냥에 불을 붙였을 때, 당신은 무언가를 보기보다는 주변이 얼마나 어두운지를 깨닫게 된다.' 나는 문학이 바로 그것을 하고 있다고 생각합니다. 문학은 어떤 대답을 주거나 이미 나온 대답을 보다 명확하게 하려는 것이 아니라, (대부분 맹목적으로) 어둠의 영역이 얼마나 거대한지를 보여주고 어둠을 더 밝게 보이려고 하는 것입니다."

『새하얀 마음』의 영문판 <A Heart So White>의 작가 후기에서

09

빅또르 에리세의 <남쪽>

시적 영화?

문학적 영화 혹은 시적 영화란 무엇일까? 리듬과 은유 때문에 시가 시다운 것이 되듯이, 리듬과 은유가 담긴 영상에서 관객은 시적 정서를 느낀다. 정지된 상태에서 오직 눈을 움직여 책을 읽듯이, 암전 속에서 회화적인 화면을 대할 때도 그렇다. 그 화면이 정지된 리듬으로 천천히 흘러갈 때 관객은 문학적인 분위기에 빠지게 된다.

*

빅또르 에리세(Víctor Erice)는 1940년 바스크 비스까야 지방의 까란사에서 태어났다. 정치학과 법학을 전공하다가 1961년 마드리드 영화학교에 입학한 에리세는 스페인에서 영화를 정식으로 공부한 첫 세대였다. 졸업 후 비평가로 영화 작업을 시작했으며, 영화잡지 『예술과 사고를 위한 노트』, 『우리 영화』등에서 영화이론과 영화비평을 활발하게 게재했다. 감독으로 활동하기 시작한 것은 1960년대 후반부터였다.

에리세가 연출가로 성장하던 1960년대는 세계영화에 큰 변화가 있었고, 스페인에서도 새로운 의식이 싹트고 있던 시기였다. 전후 이탈리아에서 시작된 새로운 스타일과 빈곤한 제작방식은 할리우드 고전주의 영화와는 전혀 다른 영화적 인식을 만들어냈다. "네오리얼리즘(Neorrealismo)"의 생명력은 10년에 불과했지만, 유럽영화에 역동적이고 신선한 예술적 에너지를 가져다주었다. 바쟁이 제시한 사실주의 영화이론과 그를 추종하는 젊은 영화인들-대부분 비평가이자 감독이었다-이 누벨바그 그룹을 형성하게 된 데에는 로베르트 로셀리니와 비토리아 데시카, 루치노 비스콘티 등 이탈리아 네오리얼리즘 감독들의 힘이 작용한 결과였다. 스페인에서도 1950년대 중반부터 무기력한 영화 전통에서 벗어나려는 움직임이 있었고, 1959년 사우라(Carlos Saura)의 <부랑아들 Los Golfos>은 첫 발걸음이 되었다. 이렇듯 1960년대에는 영화에 대한 새로운 인식과 스타일의 혁신이 열정적으로 논의되고 있었던 것이다.

영화를 회화와 사진의 연장선에서 고찰하며, 감독을 독립된 작가로 인식하고, 롱테이크와 롱쇼트를 통해 관객에게 해석의 자율성을 부여하며, 열린 플롯과 자연광을 선호하는 면에서 에리세는 바쟁의 사실주의와 누벨바그의 작가주의의 계승자라고 할 수있다.

네오리얼리즘-앙드레 바쟁-누벨바그의 계보를 잇는 영화인식과 함께, 에리세 영화에는 프랑코 독재시대 검열체제가 빚어낸 숨은 메시지의 영화라는 유산이 중첩되어 있다. 1940년대 프랑코 파시즘 정권의 등장은 유럽의 일반적인 문화적 상황으로부터의 고립을 의미했다. 특히 영화는 대중선동적인 성격 때문에 정부의 간섭을 심하게 받는 매체였다. 프랑코 정부는 국민을 정치적으로 중립화시키고 영화에 오락적인 기능을 강화시키려했다. 프랑코 전반기에 해당되는 1960년까지 검열의 정도는 상당한 것이어서, 반체제적 메시지, 성적 금기와 가톨릭의 신성함을 훼손하는 이미지는 수정되거나 삭제되었다. 검열은 프랑코 후기에 들어 검열이 완화되면서 말해야 하는 것을 말할 수 없던 시대에서 '말하지 않고 말하기'가 조금씩 허용되었으며, 이 과정에서 은유영화가 형성되었다. 첫 장편 <벌집의 정령>은 에리세의 개인적 미학과 시대의 분위기가 함께 연출한 모범적인 은유영화가 되었으며 <남쪽>은 놀라울 만큼 아름다운 시적 영화가 되었다.

*

30년이 넘는 감독 생활 중에 에리세는 3편의 장편영화만을 연출했다. <벌집의 정령 El espíritu de la colmena>(1973), <남쪽 El Sur>(1983) 그리고 <모과나무의 태양 El Sol del membrillo>(1992)은 10년 주기로 제작되었다. 뒤에 나온 두 영화는 데뷔작의 내러티브와 시각적 실험이 각각 확대 된 것이다. <남쪽>은 <벌집의 정령>의 은유적 내러티브를 깊게 확장한 것이고, <모과나무의 태양>에서 에리세는 '빛과의 투쟁'이라는 회화적 속성을 카메라에 담아내려했다.

"1940년 까스띠야 고원의 어느 시골마을"이란 자막과 함께 시작되는 <벌집의 정령>은 한 가족의 일상을 통해 시민전쟁 직후의 역사적 상처를 은밀하게 보여준다. 아버지 페르난도는 벌집을 관리하며 밤에는 무선 햄(ham)으로 교신하거나 벌집에 대한 철학적인 글을 쓴다. 어머니 떼레사는 (아마도) 시민전쟁에 참가했을 어떤 남자에게 그리움을 담은 편지를 쓰며 무료한 시간을 보낸다. 고요한 마을에 순회상영관이 열리고 두 소녀는 영화에 빠져든다. 1931년 제임스 웨일스의 <프랑켄슈타인>을 관람한 아나와 이사벨은 상반된 반응을 보인다. "영화 속 영화"에서 아버지가 없는 사이에 프랑켄슈타인과 강변에서 놀던 소녀는 얼마 후 죽음을 맞는다. 아나는 소녀의 죽음을 이해하지 못하고 이사벨은 프랑켄슈타인이 유령이 아니라 정령이라고 전해준다. 아나는 그때부터 정령의 존재를 찾아 나선다. 그 과정에서 아나가 현실에서 만난 것은 기차에서 탈주해 마을창고에 숨어든 탈영병과 그의 죽음이다. (기차에서 굴러 떨어지는 젊은 군인, 확 트인 지평선 아래 펼쳐진 카스티야 평원, 바람에 흔들거리는 잡초들과 한 그루의 나무, 우물과 곡물창고. 군인을 도우려는 아나의 애절함…) 두려움에서 벗어나기 위해 가출한 아나는 영화 속 프랑켄슈타인을 현실에서 경험하게 된다. 아나가 다시 현실로 돌아올 때 아나는 성장의 등가물로서 죽음에 가까운 육체적 아픔을 겪는다. 엔딩에서 방과 베란다 사이에 어중간하게 다리를 걸친 채, 달빛을 응시하는 아나의 모습은 우리가 성장하는 방식을 상징적으로 재현한 것이다.

<모과나무의 태양>은 화가 안또니오 로뻬스 가르시아(Antonio López García)의 작업을 담아낸 세미다큐멘터리 영화다. 에리세는 한 달 동안의 회화작업을 1시간 30분의 영화적 시간에 담아낸다. 화가가 작업장에 도착해서 캔버스를 직접 제작하는 과정, 캔버스를 작업장 정원에 설치하는 과정 그리고 정원의 모과나무를 그려나가는 과정을 치밀하게 담아낸다. 시시각각으로 변하는 빛의 각도와 분량에 따라 모과나무가 얼마나 다양하게 변모하는 지를 보여주고, 시간의 변화에 따라 모과나무를 캔버스에 재현하는 화가의 희열과 고통을 리듬 있게 표현하고 있다.

*

"1957년 가을" 이란 자막과 함께 시작되는 <남쪽>은 에스뜨레야의 내레이션을 통해 기억 여행을 떠난다. 과거로 돌아가기 위해 에스뜨레야는 상자를 끄집어낸다. 그 상자에는 아버지의 추억이 담겨있는 진자가 있다. 진자를 응시하며 15살의 에스뜨레야는 8살의 과거로 돌아가 우리에게 가족사와 그 사이에 삽입된 아버지의 비밀을 말해준다.

가족은 스페인 시민전쟁이 끝난 후 남쪽(세비야)에서 북쪽(까스띠야의 어느 마을)으로 이사를 온다. 새 집은 "프론떼라(frontera)에 위치한" 에스뜨레야의 표현을 따르면 도시도 아니고 시골도 아닌 중간에 위치한, 그리고 강과 산 사이에 놓인 외딴 집이다. 그 위치는 북쪽에 살면서 늘 남쪽을 바라보는 아버지의 애매한 욕망을 반영하고 있다. "가비오따(갈매기)"라는 풍향계가 있는 그 집에서 의사인 아버지 아우구스띤은 매일 오토바이로 도시의 병원으로 출근한다. 엄마는 시민전쟁 전에는 교사였지만 지금은 집에서 전형적인 가정주부로 생활하며 간간히 딸의 학습을 도와준다. 에스뜨레야의 기억에는 어머니에 대한 것이 거의 없다. 어머니는 딸에게 아버지를 존중하도록 가르치고 아버지의 다락방을 신성시하도록 가르친다. 남쪽에 사는 남편의 옛 애인에 비해 아내는 그림자 역에 제한되어있다.

남과 북으로 상정된 공간은 동시에 과거와 현재를 가르는 시간적 경계이며, 여기서 남쪽은 늘 부재하는 어떤 곳으로, 사진이나 포스터, 편지와 대화를 통해서 암시될 뿐이다. 8살 딸의 기억 속에서 아버지의 모습은 때로는 선명하게 때로는 희미하게 떠오른다. 강렬하지만 희미한 기억일수록 얘깃거리가 많고 감정이 더 크게 덧입혀지는 법. 진자는 그 기억의 흐름 속에서 중심에 위치한다. 아버지는 진자로 수맥을 찾을 수 있는 신비한 능력을 딸에게 가르쳐준다. 눈을 감고 마음을 비우면 진자가 저절로 움직이기 시작한다는 것. 아무도 들어갈 수 없는 3

층 아버지 다락방에서 딸은 진자놀이에 대한 깊은 추억을 가지고 있다.

어느 날 에스뜨레야는 금지된 영역에서 아버지의 비밀을 발견한다. 몽환적인 인상의 스케치 밑에는 이레네 리오스라는 이름이 수없이 적혀있다. 이때부터 어린 딸은 아버지의 비밀을 탐색한다. 학교에서 돌아오던 에스뜨레야는 아버지의 오토바이를 발견한다. 극장 앞에 걸린 포스터 속 여배우의 이름은 아버지가 수없이 반복해서 썼던 그 이름이다. <까페 오리엔딸>에서 편지를 쓰는 아버지. 까페의 뿌연 창문을 사이로 에스뜨레야는 어두움을 등에 지고 편지 쓰는 아버지를 바라본다. 그리고 중첩되는 아버지의 목소리(편지 읽어주는 내레이션). 편지의 여인은 라우라다. 이레네 리오스는 라우아인가?

이후 영화는 에스뜨레야의 시점을 떠났다가 다시 돌아오곤 한다. '남쪽 여인의 답장을 읽는 아버지 시퀀스'와 '아버지의 가출 시퀀스'는 어쩌면 상상으로서의 과거일지도 모른다. 가출 사건은 아버지를 바라보는 딸의 시점에 빗금을 친다. 이제 에스뜨레야는 아버지의 비밀을 더 이상 탐색하지 않으려한다. 그녀는 새로운 성장의 길로 들어선 것이다. 이렇게 <남쪽>은 성장영화의 축을 따라간다. 도입부에서 에스뜨레야는 자신이 태어나기 이전의 상황을 회고한다. 엄마가 아버지 다락방 침대에 누워있고, 아버지는 임신한 엄마의 배 위에 진자를 들고 있다. 아버지는 진자의 위치를 보고 뱃속의 아이가 딸일 거라고 말한다. 에스뜨레야는 아버지의 비밀을 탐색하면서 스스로 성장하고, 어느 시기가 되면 그 비밀을 마음속에 묻고 어른이 되는 길로 나아간다. 아버지가 가출했다 집으로 귀환했을 때, 에스뜨레야는 침대 밑에 숨어 자신의 존재를 표현하고 싶어 한다. 그리고 빨리 어른이 돼서 이 집을 떠나야한다고 생각한다. 그때 자전거를 타고 집을 나선 8살의 에스뜨레야는 다시 자전거를 타고 집으로 돌아오는 15살의 에스뜨레야와 오버랩된다.

영화는 이제부터 15살로 성장한 에스뜨레야의 회상을 들려준다. 남자친구가 생기고, 벽에 에스뜨레야를 사랑한다는 내용의 낙서를 보는 아버지. 아버지로부터 분리되는 딸. 영화의 후반부에서 아버지와 딸은 <그란 호텔>에 앉아있다. 이렇게 부녀가 밖에서 마주 앉은 것은 그 옛날 딸이 <까페 오리엔딸>에 있는 아버지를 발견한 이후 처음이다(적어도 딸은 그렇게 말한다). 아버지는 딸의 남자친구 얘기를 꺼내고, 딸은 아버지의 비밀을 물어본다. 이레네 리오스가 누구인가? 영성체의 그날처럼 호텔의 한쪽에는 결혼식을 축하하는 빠소도블레가 울려 퍼지고 있다.

다음 장면은 풀밭에서 엽총으로 자살한 아버지의 모습이다. 아버지는 유일한 취미였던 사냥으로 스스로 생을 마감한다. 카메라는 에스뜨레야가 새벽 어스름에서 일어나 진자를 꺼내드는 그 장면으로 돌아간다. 우리는 새벽에 우리를 깨워 들려주는 그녀의 긴 얘기를 듣고 있었던 것. 영화는 에스뜨레야가 남쪽 여행을 위해 준비하는 가방을 클로즈업하며 끝난다.

*

에리세는 화면 전체를 어둠에 가둬두는 것을 좋아한다. 마치 사진인화를 준비하는 암실처럼. 그렇게 어둠을 마련해 놓고 빛을 천천히 투영시킨다. 깜깜한 실내에서 빛은 어스름한 창문을 통해 스며들고 사물과 사람의 형태가 빛을 받아 느리게 화면을 채워간다. 카메라는 정지된 채 빛의 침입을 지켜본다. 특히 점층적인 빛이 보이스오버와 어울려 시적인 이미지를 만들어낸다.

<남쪽>의 도입부는 에리세의 가장 특징적인 영상들을 보여준다. 암전으로 시작되는 오프닝에서 빛과 움직임은 마치 태초의 그것처럼 은밀하게 작동한다. 화면의 오른쪽이 점차 푸른 빛으로 물들고 침대에 누워있는 인물은 서서히 모습을 드러낸다. 카메라는 미동 없이 정지되어있다. 어느덧 우리는 새벽 여명에 침대에 누워있는 소녀를 대면한다. (꿈속에서처럼 갑작스레 한 소녀가 방에 침입한 것이다. 실제의 시간은 20여초에 불과하지만 무의식의 시간은 무한하게 느껴진다.) 소녀는 일어나 작은 상자를 열고 진자를 꺼낸다. 상자를 꼭 끌어안으며 진자를 쳐다보는 소녀. 소녀가 어둠을 응시할 때, 한줄기 눈물이 시냇물을 만들어낼

때 우리는 그 진자가 '잃어버린 시간'을 찾아가는 열린 문이라는 것을 알고 있다.

이 오프닝을 다시 살펴보자. 영화가 시작되면 관객은 한동안 암전에 싸이게 된다. 시간이 경과하면서 화면 오른쪽에 어둠을 가르고 희미한 빛이 보이기 시작하는데 아직 그것이 무엇인지는 확실하게 알 수 없다. 빛이 더 확장되면서 창문의 윤곽이 드러나고 닭이 새벽을 알려준다. 빛이 들어오고 침대에 누워있는 에스뜨레야의 모습. 어머니와 하녀가 아버지를 찾는 목소리들. 목소리가 더 다급해지고 긴장이 높아지면서 에스뜨레야가 서서히 몸을 움직이기 시작한다. 어머니의 보이스오버는 아버지의 절박한 상황을 알려준다. 아버지는 밤새 귀가하지 않았고 어떤 극적인 모습으로 발견되었음을 암시한다. 에스뜨레야는 베개 밑에서 진자를 발견한다. 진자를 보며 그녀는 깨닫는다. 그것이 그녀를 향한 아버지의 유일한 흔적이라는 것을. 이렇게 오프닝은 세 가지 요소, 빛과 소리와 움직임을 병치하면서 짧은 시간에 스토리를 암시하고 서사적 긴장을 부여할 뿐 아니라 관객을 시적 아름다움에 젖게 만든다. (프루스트에게 그랬던 것처럼, 에리세에게 카메라는 기억으로 가는 가장 적절한 장치가 된다. 에리세 영화에서 관객은 <자전거 도둑>이나 <무방비도시>에서처럼 거친 화질을 느낄 수 있는데, 다큐멘터리에 사용되는 고감도 필름에 자연광을 사용하는 제작방식은 아이러니를 일으킨다. 사실성이 깊어지면서 빛바램을 동반하기 때문이다. 디지털 영화에서는 불가능한 감각이다. 어쩌면 그

아이러니가 기억의 속성일지도 모른다. 또한 무채색에 가까운 어두운 화면에 인물들이 외롭게 배치되고, 창문에서 흘러들어온 적은 양의 빛으로 인물들의 윤곽을 잡아내는 에리세 특유의 미장센은 스페인 바로크 시대 수르바란같은 종교화가들의 검소하고 영적인 그림들을 연상하게 한다.)

전체적으로 <남쪽>에서는 롱테이크와 롱쇼트가 지배적이지만, 때로는 에스뜨레야의 시점을 반영하는 클로스업으로 전환된다. 바로 그때가 영화가 특별한 것을 말하고 싶을 때다. 예를 들어, 영성체 시퀀스의 마지막 신은 딸의 아버지에 대한 갈망을 잘 보여준다. 딸은 무신론자인 아버지가 영성체 날 교회에 오지 않을까 걱정한다. 카메라는 아버지를 갈망하는 딸의 시점을 보여주고, 이어서 아버지가 있는 곳으로 커팅 된다. 이때 아버지는 어두움 속에서 서서히 몸을 드러낸다. 에리세는 에스뜨레야에게 아버지의 존재가 그렇게 어두움과 빛 사이에 걸쳐있음을 은유적으로 보여준다.

또한 이 영성체 시퀀스는 에스뜨레야에게는 가장 행복한 추억으로 남겨진다. 세비야의 두 할머니가(친할머니와 아버지의 유모)가 집을 방문하고, 영성체 피로연에서 아버지와 딸은 빠소도블레(Paso Doble)를 함께 춘다. 에리세는 이 기억을 트래킹쇼트로 담아낸다. 촬영감독 호세 루이스 알카이네(José Luis Alcaine)의 탁월한 감각이 동반된 트래킹은 카메라가 '영화의 감정'을 얼마나 시적으로 담아낼 수 있는 지를 알게 해준다. 영성체가 끝날 때 아버지를 바라보는 딸의 시점 쇼트는 파티 장면으로 이어진다, 이때 딸의 얼굴과 (면사포와 꽃 왕관이 놓인) 의자가 오버랩 되면서 카메라는 서서히 뒤로 빠진다. 파티에 참석한 가족과 이웃들을 차례로 보여주면서 카메라는 느리게 뒤로 빠진다. 그리고 커팅 되지 않은 채, 더 뒤로 빠지며 빠소도블레를 추는 딸과 아버지를 담아낸다. 대체로 정지되어 있던 카메라는 이때 춤추는 부녀를 좇아다니며 활발하게 움직인다. 빠소도블레가 끝날 무렵 카메라는 역순으로 사람들을 훑으며 꽃 왕관이 놓여있는 의자를 향해 전진한다.

<남쪽>에서 소리와 음악은 상징적 의미를 새겨놓는다. 어두움과 침묵이 지배적인 영화에서는 미세한 빛과 소리도 강한 의미를 내포할 수 있다. 다만 그런 섬세한 의미를 읽어낼 관객은 많지 않을 것이다. 유럽적 예술영화를 좋아하는 소수의 관객은 그런 의미를 잘 찾아내고 그것 때문에 영화를 보는 것일 수도 있다. 반면 화려한 액션과 스펙터클에 익숙한 대부분의 관객에게는 특별한 의미를 주지 못할 수도 있다. 예를 들어, 아버지가 라우라의 편지를 읽는 장면을 보자. <까페 오리엔딸>에서 아버지는 혼자 앉아 편지를 읽는다. 그때 화면 오른쪽에는 어떤 노인이 피아노를 조율하고 있다. 편지는 라우라의 목소리로 전달되는데, 편지의 내용은 처음에는 다정하다가 단호해지고 마지막에는 애절하고 슬프게 끝난다. 라우라의 목소리를 들으며 관객은 불규칙하게 깔리는 피아노 조율을 함께 듣는다. 무의미한 소음으로 이어진 불협화음은 두 사람의 관계를

관객의 무의식에 은밀하게 새겨놓는다.

*

그런데 아버지 아우구스띤은 왜 자살했을까? 이룰 수 없는 사랑 때문에? 아니면 남쪽으로 갈 수 없는 처지 때문에? 딸과의 관계 때문에? 우리는 그가 고독하고 남쪽에 꿈을 두고 왔으며 북쪽에서의 삶이 만족스럽지 않다는 것을 알고 있다. 스페인 시민전쟁의 피해자이며, 이데올로기 때문에 아버지와 의절했다는 것도 알고 있다. 그럼에도 자살의 절박한 이유를 영화는 분명하게 말하지 않는다. 아우구스띤은 영화 <그림자의 꽃 Flor en sombra>을 보고 나서 라우라(배우 이레네 리오스)에게 편지를 쓴다. 그녀는 영화 몇 편에 출연했지만 성공하지 못했다고 말한다. 그녀의 답장은 관계가 계속될 수 없음을 분명히 한다. 그 후 아우구스띤은 남쪽으로 탈출을 시도하지만 이루지 못한다. 그렇게 세월이 가고, 어느 날 딸이 아버지에게 묻는다. 이레네 리오스가 누구인가? 아버지는 그 배우를 닮은 여자는 알지만 그 배우는 잘 모른다고 거짓말을 한다. 관객은 아버지가 딸에게 거짓말하고 있다고 생각한다. (정확히 말하면 그렇게 생각하고 싶은 것이다.) 딸의 질문은 아버지를 다시 지독한 외로움으로 빠뜨렸을 것이다.

어쩌면 자살의 단서를 우리는 '영화 속 영화' <그림자의 꽃>에서 찾을 수 있을지 모르겠다. 여자주인공은 배우이며 팜므파탈의 이미지로 등장한다. 그녀는 사랑했던 남자를 버리고 새로운 길을 갔던 것 같다. 어느 날 남자가 분장실로 찾아와 여자를 총으로 쏜다. 모두 세 발. 총알은 몸을 관통해 분장 거울을 깨뜨린다. 남자는 죽은 연인을 안고 절규한다. 전형적인 멜로드라마인 셈이다. 아버지 아우구스띤은 바로 멜로드라마의 주인공처럼 비극적이고 신비한 죽음을 선택한다.

멜로드라마를 보는 이유는 무엇인가? 우리는 고독하며 그 이유 하나로 자살할 수 있는 존재이기 때문이다. 과장되어 보이는 멜로드라마의 비극적 정서는 현실적이지 않지만 실존적인 면에서는 현실적이다. 멜로드라마의 매력은 스타일이 우리의 실존적 운명을 닮았기 때문이다. 멜로드라마에서 스토리는 비현실적이지만 스타일은 평범한 우리의 감정이 멜로드라마의 감정을 재현하도록 작용한다. 다만, 멜로드라마의 감정을 우리는 일생동안 몇 번만 경험할 수 있을 뿐이다.

*

왜 3편의 장편만일까? 가장 큰 원인은 제작자와의 불화. 적지 않은 작품들이 시나리오 기획 단계에서 무산되었고, 첫 영화 <도전 Los desafíos>도 장편으로 기획되었다가 제작자를 만나지 못해 단편으로 축소된 것이다. 영화의 세계에서는 제작이 뜻밖의 결과를 낳기도 한다. 에리세는 <벌집의 정령> 때부터 가르시아 모랄레스(Adelaida García Morales)의 소설에 매료되어 그녀의 작품을 영화화하고 싶어 했고, 가르시아 모랄레스의 소설 『남쪽』을 원작으로 동명의 영화를 만들고 싶었다. (영화 제작을 계기로 두 사람은 부부가 된다.) 에리세는 영향력 있는 제작자 께레헤따(Elías Querejeta)를 설득하고 작업은 순탄하게 진행되는 듯 했지만 촬영이 중반을 넘어설 지점에서 제작지원은 중단된다. 소설 『남쪽』에서 아버지의 죽음은 스토리의 전환점이었다. 에스뜨레야는 아버지가 남긴 비밀의 흔적을 찾아 남쪽으로 가고, 라우라와 그녀의 아들을 만난다.

결과적으로 <남쪽>은 영화가 얼마나 제작환경에 의해 지배될 수 있는 지를 잘 보여주었고, 제작의 희생물이 되었지만 예상치 못한 결과를 만들어 냈다. <남쪽>의 매력은 생략과 함축을 통해 얻어진 시적 정서에 있고, 그것 때문에 전 세계 관객들의 찬사를 얻어냈다. 세비야로 가기 위해 여행 가방을 챙기는 에스뜨레야의 모습으로 영화가 끝날 때, 관객은 아쉬움과 함께 아버지의 여정을 대신할 딸의 여정을 상상하며 극장을 나올 수 있다. 소설처럼 에스뜨레야가 세비야로 가서 그곳에서 아버지의 비밀과 기억들과 만나는 장면들로 이어졌다면 영화의 시적 역동성과 상상의 범위는 그만큼 축소되었을 것이다.

스페인 문학의 풍경과 내면

초판 인쇄	2018년 09월 28일
초판 발행	2018년 10월 05일
지은이	전기순
발행인	김인철
총괄·기획	가정준 Director, University Knowledge Press
편집장	신선호 Executive Knowledge Contents Creator
도서편집	박현정 Contents Creator
전자책편집	이리나 e-Contents Creator
재무관리	문수진 Managing Creator
마케팅 파트장	백승이 Chief Marketing Creator
마케팅	이현진 Marketing Creator
발행처	한국외국어대학교 지식출판콘텐츠원 02450 서울특별시 동대문구 이문로 107 전화 02)2173-2493~7 팩스 02)2173-3363 홈페이지 http://press.hufs.ac.kr 전자우편 press@hufs.ac.kr 출판등록 제6-6호(1969. 4. 30)
디자인·편집	(주)피플커뮤니케이션 02)733-9008
인쇄·제본	(주)피플커뮤니케이션 02)733-9008

ISBN 979-11-5901-389-8 03870 정가 13,000원

*잘못된 책은 교환하여 드립니다.

HUEBOOKs는 한국외국어대학교 지식출판콘텐츠원의 인문학도서 Sub Brand이다. 한국외대의 영문명인 HUFS, 사람을 위하는 Humanism, 교육의 Education, 색조의 Hue의 다의적인 뜻으로 해석할 수 있으며, 인문학도서 출판에 대한 의지가 담겨있다.